comment peindre au pastel...

à la cire,

à la gouache

réaliser

des collages,

des monotypes

comment peindre au pastel...

à la cire,
à la gouache,
réaliser
des collages,
des monotypes

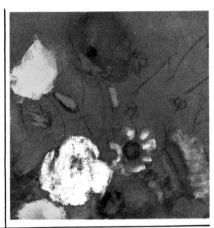

José M.ª Parramón

Bordas

Titre original de l'ouvrage «Así se pinta al pastel... a la cera, al témpera, en monotip, con "collage"».
© José M.ª Parramón Vilasaló
Edité par Instituto Parramón Ediciones, S.A. Barcelona (Espagne).

© Bordas 1977 pour la traduction française.
ISBN: 2-04-000523-4

Dépôt légal: juin 1987
Dépôt légal de la première édition: 1977

La couverture de ce livre est un fragment du tableau «Danseuse sur la scène» d'Edgar Degas.

Imprimé en Espagne par: Sirven Grafic,
Gran Vía, 754 - 08013-Barcelona - en juin 1987
Dépôt légal: 15.936-87
Numéro d'Éditeur: 785.

TABLE DES MATIÈRES

LE PASTEL

Caractéristiques des pastels de couleur   9
Techniques et application   11
Exercice pratique de dessin au pastel   17

LA CIRE

Caractéristiques de la cire   36
Techniques et application   37
Exercice pratique de peinture à la cire   41

LA GOUACHE

Caractéristiques de la gouache   49
Techniques et application   51
Exercice pratique de peinture à la gouache en noir et blanc   59
Un exercice complet   67
Deuxième exercice de peinture à la gouache   80
Exercice pratique de peinture à la gouache et à l'aquarelle de
    couleur   91

LE COLLAGE ET LES PAPIERS COLLÉS

Caractéristiques de la technique du collage   102
Techniques et application   105
Exercice pratique de collage   107

LA PEINTURE AU COUTEAU

Techniques et application   114
Exercice pratique de peinture au couteau   116

LE MONOTYPE

Technique et exercice pratique sur un sujet libre   121

La collection que nous présentons offre de larges possibilités d'initiation et de formation. Elle s'adresse à tous ceux qui, individuellement ou en communauté, découvrent les voies de la création artistique. «Genèses exquises», disait Valéry, non plus aujourd'hui réservées à une élite choisie, mais accessibles à tous ceux que l'effort créateur vivifie et exalte.

Guidé pas à pas, l'amateur solitaire ou l'animateur trouveront une réponse aux problèmes de technique qu'une réflexion créative ne manque pas de susciter.

Ces ouvrages mettent à la disposition du public la palette la plus complète possible des différents moyens d'expression, décrivant l'outillage, exposant la technique, démontrant étape par étape les phases de la création et de l'exécution.

Les ouvrages consacrés à l'initiation aux techniques ont été rédigés le plus souvent sous la forme d'un cours direct. Chaque leçon se déroule d'une façon active. La théorie est suivie d'exercices pratiques expliqués, détaillés, aux difficultés progressives.

De nombreuses illustrations permettent spontanément de voir et de mieux comprendre l'évolution de la technique artistique. Des anecdotes apportent un délassement nécessaire tout en enrichissant les connaissances générales.

Un résumé des idées forces, des lois essentielles, termine souvent les chapitres-clés pour permettre une meilleure assimilation.

Puisse cette collection simplifier votre tâche dans la connaissance ou la pratique de votre choix.

Techniques
et application

NOUS sommes à Montmartre dans l'atelier d'un artiste ; un atelier digne de figurer comme décor d'une représentation de «La Bohème», spacieux, haut de plafond, vieillot ; il renferme des esquisses, des tableaux à moitié terminés. Au fond, il y a un grand miroir, à gauche une immense baie vitrée qui inonde la pièce de lumière bleue ; au premier plan, un divan, une chaise, un fauteuil patriarcal ; aux murs, des étagères, des tableaux, des photographies encadrées. Le tout, papiers et toiles, recouvert d'un patine grise, reste de la poussière laissée par des mains imprégnées de pastel. Au centre, une sorte de table, dont le dessus est divisé en caissettes, dans lesquelles s'alignent des dizaines de bâtonnets aux côtés émoussés, pointus, anguleux, usés. C'est la palette.

A côté, le chevalet, et l'artiste assis. En face de lui, sur un fond de vieille étoffe imprimée et décolorée, pose le modèle vêtu de blanc, dans le costume classique d'une ballerine de l'Opéra.

L'artiste va commencer un pastel. Sur le chevalet, une planchette de bois que recouvre une feuille de papier d'emballage remplace la toile.

Il étudie d'abord le modèle, dessine la silhouette au fusain, la cadre, prend des mesures, évalue les lumières et les ombres, les contrastes, analyse la pose.

En réalité ce n'est pas une première étude : l'artiste, auparavant, a pris des croquis d'une véritable ballerine, dans les coulisses de l'Opéra. Il n'est pas rare de voir, lors des spectacles de ballets, un artiste muni d'un bloc et d'un crayon, dans les couloirs du Palais Garnier. Il étudie, fait des esquisses rapides : une danseuse qui lace son chausson, une autre qui arrange son tutu… De retour à son atelier, il recherche les possibilités de chaque esquisse, en rehaussant de couleurs les plus réussies. C'est plus tard qu'ayant décidé du sujet, il dessine définitivement le tableau à partir d'un modèle dont la pose est dictée par l'une des esquisses prises à l'Opéra. On ne peut demander à un modèle de poser comme une danseuse professionnelle ; celle-ci a une manière très particulière de se baisser, d'étendre le bras. Il est nécessaire de se référer à l'esquisse prise sur le vif, pour éviter de reproduire la pose artificielle du modèle.

La séance de pose terminée, l'artiste continue à travailler ; il compare l'ébauche au fusain avec l'esquisse, modifie légèrement la position du pied, retouche la main.

Puis prenant un papier transparent, il décalque le dessin, noircit ensuite au fusain le dos de ce papier et, avec un crayon ordinaire, reporte l'étude sur le papier définitif, c'est-à-dire sur la feuille fixée à la planchette rigide.

Il travaille alors avec un fusain moyennement dur, retraçant le dessin sur le support définitif —il repasse, sur le papier calque, les lignes tracées,

A gauche, un croquis pris sur le vif. A droite, une étude plus poussée, mise en couleur et finie à l'atelier.

sans les ombres — puis il laisse là son travail. Il se mettra demain au pastel proprement dit.

Le lendemain, la même scène se répète : le peintre face à son modèle ; sur le chevalet, le papier définitif gris bleu fixé sur une planche ; à côté, posée sur une chaise, la première étude au fusain. Cette ébauche au fusain, spontanée, plus libre et parfois plus exacte est une référence à laquelle il faut se reporter de temps à autre comme à un double.

Il faut peindre avec des morceaux de pastel. La peinture proprement dite commence. Le peintre préfère toujours à l'emploi de bâtonnets entiers, celui de fragments qu'il saisit entre le pouce, l'index et le majeur, dessinant à plat ou appuyant sur le papier un côté du morceau, selon qu'il a besoin de faire une tache ou de remplir un espace plus ou moins grand. Pour tracer des lignes fines, profil ou contour, il prend le pastel comme un crayon, de la manière habituelle ; il cherche un bout pointu et il trace ces traits sans difficulté.

Dans la main gauche, il a mis plusieurs petits morceaux de pastel de diverses couleurs. De la main droite, il dessine sans cesse, cherchant les différents bouts dans le creux de sa main gauche. Parfois il a recours à la «palette» pour l'emploi d'une nouvelle couleur.

Notez ici la façon de tenir les pastels ; il est préférable de peindre avec des morceaux de bâtonnets en les saisissant entre le pouce, l'index et le majeur. Observez en B et C qu'il suffit d'appuyer un peu plus sur une des extrémités du pastel pour obtenir en même temps un dégradé dans le dessin.

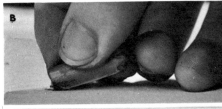

FIG. A

L'artiste dessine maintenant le tutu. Il applique le blanc sur la surface grise (le pastel est un procédé couvrant : avec des couleurs claires, on peut dessiner sur des fonds ou des couleurs foncés). Il met d'abord des touches avec le plat du bâton, et il estompe avec les doigts.

L'utilisation de tortillons de papier est-elle à conseiller pour le pastel ? Elle est à exclure ; le meilleur système pour estomper, obtenir des épaisseurs, étaler le pastel, est d'utiliser les doigts. La raison en est simple : il entre dans la composition du pastel des éléments gras servant à lier les poudres ; d'autre part, la peau des doigts exsude une certaine quantité de graisse — donc, en utilisant nos doigts pour estomper, nous ne faisons que renforcer en quelque sorte le procédé de fabrication des pastels grâce à la graisse laissée par nos doigts. Souvenez-vous de cela et servez-vous de vos doigts plutôt que de tortillons de papier. Sans pour autant en abuser, car vous obtiendriez alors irrémédiablement un travail informe, mou, trop retouché.

Estompage avec les doigts.

Pour obtenir un travail correct
avec le pastel, il faut
estomper certaines parties, mais
garder un tracé net pour les autres.

Que vous dessiniez par dessus les zones estompées ou directement sur le papier, faites-le toujours avec la couleur appropriée et en évitant le plus possible de mélanger.

Eviter si possible les mélanges.

Vous obtiendrez ainsi cette qualité propre au pastel : la fraîcheur, la netteté du fini, où le trait de crayon, la vigueur du tracé, la vivacité des couleurs prennent toute leur valeur. Vous aurez cet effet de moelleux et de plein qui rehausse la qualité du procédé. Ne négligez pas la possibilité d'obtenir avec le pastel des épaisseurs, une matière vraiment dense ; par exemple, peignez une petite tache blanche, une fleur d'une seule touche énergique de votre pastel et vous aurez une certaine pâte qui ne sera pas sans rappeler, par sa consistance, la matière d'une peinture à l'huile.

On ne peut obtenir cette épaisseur si l'on mélange deux couleurs ; essayez donc de peindre un orange en mélangeant le rouge et le jaune ; vous mettez le jaune en premier, d'une touche énergique afin d'avoir une certaine «pâte» ; puis vous superposez le rouge, et, du même coup vous retirez une épaisseur de jaune. Bien sûr, nous avons notre couleur orange, mais de laquelle toute «pâte» a disparu ; elle est devenue plate, affaiblie par le mélange des couleurs, elle a perdu toute la délicatesse, la finesse des coloris du pastel.

Comprenez-vous maintenant pourquoi il faut travailler avec un choix important de couleurs ? Comprenez-vous pourquoi il existe des boîtes de pastel avec 36 ou 48 bâtonnets de couleurs différentes ? Regardons ce que fait l'artiste. Il va dessiner maintenant sur le tutu du modèle le reflet d'une lumière bleutée. Il analyse la couleur, il se demande : «Quel bleu est-ce exactement?», puis il cherche ce bleu sur sa «palette». Il y a là le bleu outremer foncé, moyen, clair, le bleu ciel, le turquoise clair et foncé, le bleu de Prusse, le bleu de cobalt, un blanc bleuté, un bleu violacé, un autre encore, mais plus foncé: c'est celui-là qu'il choisit. Il dessine alors avec des touches énergiques à même le papier, recouvrant la surface de quelques traits amples, larges, et sans bavures.

Assortiment minimum: 18 couleurs. Ceci nous amène à la considération suivante: il faut travailler avec un minimum de 18 couleurs, assortiment qui devra être étendu si vous pensez vous spécialiser dans le pastel.

L'artiste continue à dessiner.

Nécessité de faire tomber le surplus de poussière de pastel. De temps en temps il s'arrête, pose ses morceaux de pastel. Il prend le carton posé sur le chevalet et, l'appuyant sur le sol tantôt verticalement, tantôt horizontalement, il tapote légèrement. Il est indispensable de renouveler cette opération plusieurs fois au cours du travail: ces tapotements ont pour but d'éliminer les épaisseurs, le surplus de poussière qui n'adhère pas au dessin.

Ainsi s'explique la nécessité de travailler sur un papier fixé sur un support rigide, ce qui permet de le secouer sans détériorer l'œuvre.

Pour effacer, utiliser un morceau de tissu propre. Si un détail ne lui plaît pas, le pastelliste l'efface; pour cela, il utilise un morceau de tissu absorbant, usagé mais propre: il frotte doucement afin de retirer l'épaisseur du pastel et de ne laisser qu'une fine pellicule délavée par dessus laquelle il peut repasser sans autres précautions.

Il ne faut jamais utiliser une gomme pour effacer le pastel. Celle-ci salit.

La première séance de mise en couleur est bientôt terminée. L'artiste travaille plus lentement, compare, s'éloigne pour mieux voir l'ensemble. Pratiquement, il n'appuie pas la main sur le papier, il dessine le bras tendu, prenant soin de ne pas effacer ce qui a été fait.

Peut-on fixer le pastel? n'existe-t-il aucun liquide qui permette de le fixer?

De la difficulté de fixer le pastel sans dommage. On peut, bien sûr, fixer un pastel, mais on modifie alors sa texture, ses couleurs. Le fixatif est un liquide que l'on pulvérise, et qui humidifie le pastel — cette humidité amène les particules pulvérulentes du pastel à s'agglutiner, à former de minuscules amas qui, bien que peu perceptibles, altèrent d'une façon sensible la qualité de la patine légèrement farineuse propre au pastel. D'autre part, les substances résineuses que contient tout fixatif agissent à la manière d'un vernis; l'humidité fait briller les couleurs, renforce leur intensité et les fonce tout à la fois. Il faut cependant reconnaître que certaines marques «Talens», par exemple, ont mis au point un fixatif qui supprime la plupart de ces inconvénients — pas tous cependant.

A l'appui de ce que nous venons de dire, reportons-nous aux pastels exposés dans les musées : les de La Tour, Degas, Redon, au Jeu de Paume ou à l'Orangerie n'ont subi aucune fixation ; et, pourtant, ils gardent intactes la fraîcheur et la vivacité des couleurs qu'avaient obtenues les artistes. Mais il suffirait peut-être d'un simple frottement du dos de la main pour que ces chefs-d'œuvre disparaissent.

C'est pourquoi, si on veut protéger un pastel par une vitre, il est indispensable de ménager un espace vide entre l'œuvre et le verre.

Nous arrivons à la dernière étape : la finition de l'œuvre, ce moment délicat où, si l'on veut trop insister, retoucher, on risque de faire perdre à l'œuvre toutes ses qualités artistiques, toute son originalité, sa personnalité. Savoir reconnaître cet instant précis où il faut dire «ça suffit» ne s'apprend pas ; seuls, l'expérience, les échecs et les réussites vous le feront trouver.

RÉSUMÉ SUR LA TECHNIQUE DU PASTEL

1. — Pour réaliser un pastel, il faut fixer le papier sur un support rigide et le poser sur un chevalet.

2. — Le pastel a un pouvoir couvrant; il est donc possible de peindre avec des tons clairs sur des fonds ou sur des couleurs sombres.

3. — Pour peindre avec de larges touches de couleur, saisir le fragment de pastel entre le pouce, l'index et le majeur et l'utiliser à plat. Pour tracer des lignes, le pastel se tient comme un morceau de crayon ordinaire.

4. — Pour effacer, rectifier ou refaire, utiliser du coton ou un morceau de tissu propre.

5. — Utiliser indifféremment deux méthodes pour peindre au pastel: l'estompe ou le trait.

6. — Estomper avec les doigts.

7. — Pour obtenir des mélanges de deux ou plusieurs couleurs, les étaler ou dessiner des traits entrecroisés et juxtaposés sur une zone estompée.

8. — Dans la mesure du possible, prendre les tons du modèle dans les couleurs existantes sans recourir aux mélanges.

9. — Le minimum de couleurs nécessaires est de 18. Pour un travail suivi et spécialisé, se procurer un plus grand assortiment.

10. — De temps à autre, secouer la poussière.

11. — Ne pas fixer le pastel. L'encadrer et le protéger d'un verre, et ce, en laissant un vide entre le verre et le papier.

Exercice pratique de dessin au pastel

DESSIN AU PASTEL D'UNE COPIE DU TABLEAU D'ODILON REDON «FLEURS DES CHAMPS DANS UN VASE A LONG COL»

MATÉRIEL: BOÎTE DE 18 PASTELS; SANGUINE; CRAYON-FUSAIN; CRAYON N° 2B; UN PEU DE COTON; GOMME; RÈGLE GRADUÉE; ÉQUERRE; CARTON ÉPAIS (34 × 48 cm) RECOUVERT DE PAPIER VERGÉ INGRES OCRE-JAUNE; UNE FEUILLE DE PAPIER CALQUE; FIXATIF.

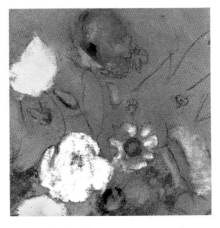

Il s'agit maintenant d'apprendre, par la pratique, l'emploi du pastel.

Vous allez donc reproduire un tableau, une œuvre d'Odilon Redon, impressionniste français, exécutée au pastel en 1912 et exposée au musée du Jeu de Paume, l'une de ses œuvres les plus célèbres: «Fleurs des champs dans un vase à long col.»

Vous trouverez la reproduction fidèle de ce célèbre pastel sur une feuille, collée à part dans ce livre; détachez-la pour vous en servir comme d'un modèle.

Mais il est normal que vous désiriez auparavant en savoir plus sur l'œuvre d'Odilon Redon et sur l'artiste. Né à Bordeaux en 1840, mort à Paris en 1916, Odilon Redon, lithographe et peintre, cultiva un art aux thèmes fantastiques où un mélange de rêve et de réalité lui valut le qualificatif de précurseur du surréalisme.

(Le surréalisme se définit comme un mouvement artistique chechant à représenter les images du subconscient. Peut-être Salvador Dali est-il l'un des peintres les plus représentatifs de cette école.)

Jusqu'en 1900, Redon, encouragé par ses maîtres, Moreau et Fantin-Latour, apprit les techniques de l'eau-forte et de la lithographie. A partir de 1900 son goût pour la botanique, que lui inculqua dans ses années de jeunesse Armand Clavaud, homme de science, le fit se consacrer à la peinture des fleurs.

Odilon Redon devint dans ce domaine un maître consommé, créant des gammes de couleurs dont la richesse et la nouveauté furent imitées, par la suite, par de nombreux artistes de renom.

Un tempérament chimérique, débordant d'imagination fantastique, c'est ce que vient nous confirmer l'écrivain et ancien conservateur du musée du Louvre, Germain Bazin, disant que se retrouve en permanence, dans les bouquets de Redon, ce mélange de réalité et de rêve, ce va-et-vient entre la réalité du modèle, ce que l'artiste voyait effectivement, et la projection imaginaire de ce qu'il voulait y voir.

Réalité et fantaisie.

Il ne faut donc pas s'étonner de trouver dans ce bouquet de fleurs des champs davantage de couleurs que n'en posséda jamais le modèle : coquelicots jaunes qui n'existent pas, petites fleurs blanches disséminées sur l'ensemble, etc. Mais n'est-ce pas là le cheminement de l'art? «Mes fleurs naissent de la rencontre de deux influences, a écrit Redon lui-même ; celle de la réalité et celle du souvenir. A la confluence de ces courants, se trouve le domaine de l'art, que soigne et cultive l'esprit.»

Redon fit le tableau que nous sommes en train de commenter dans les dernières années de sa vie, dans la pleine maturité de son art.

Redon mourut pauvre et oublié, et, nous pourrions supposer, sans l'affirmer toutefois, qu'il n'avait plus les moyens de s'offrir le papier indispensable à son art. Lorsque vous irez au Jeu de Paume, vous constaterez que le tableau de Redon fut fait sur un papier d'emballage. On peut voir dans la partie supérieure droite du tableau son grain grossier et uni, là où il fut employé tel quel, où la couleur du fond est plus claire.

Un tableau de grande valeur, peint sur papier d'emballage.

Commençons, sans autre préambule, l'exercice de reproduction de ce pastel.

Pour le réaliser avec la technique d'un professionnel, voici les étapes à suivre.

1. — Nous prendrons, pour commencer, une reproduction taille carte postale de l'œuvre, que nous diviserons en un certain nombre de carrés afin d'obtenir une grille à l'imitation des professionnels.

2. — Nous ferons un agrandissement de cette grille à la dimension du tableau sur un papier blanc et fin ou sur un papier calque, au dos duquel nous passerons uniformément un pastel de couleur Sienne ou un bâton de sanguine.

3. — Nous reporterons à l'aide de ce papier blanc, mince et «encré», l'œuvre sur le papier définitif, en repassant immédiatement les lignes du dessin au crayon.

4. — Nous mettrons les couleurs.

Abordons cette première étape, mais auparavant, il nous faut éclaircir les points 2 et 3.

POURQUOI DESSINER D'ABORD SUR UN FIN PAPIER BLANC

Vous vous interrogez sur la nécessité d'utiliser un premier papier transparent ; pourquoi ne pas le faire au propre, directement ? La réponse est simple : afin d'éviter corrections, gribouillages, traits repassés plusieurs fois, et réserver pour le papier définitif la fraîcheur des coloris.

QU'ENTENDONS-NOUS PAR « PAPIER DÉFINITIF ? »

Quelle qualité, quelle épaisseur, quelle couleur choisir ? Doit-il être fixé sur un carton épais, résistant ?

Disons que nous vous conseillons d'employer un papier de la qualité suivante :

Un papier vergé Ingres, de couleur rose ou ocre jaune, si possible fixé sur un carton épais mesurant 341 mm × 485 mm.

Libre à vous de faire autrement, mais cela constitue une exigence minimale.

Commençons à présent la première étape.

DIVISER LA REPRODUCTION TAILLE CARTE POSTALE DU TABLEAU DE REDON EN CARRÉS ÉGAUX

Dessinez avec un crayon 2B, une règle graduée et une équerre.

Mesure de ce quadrillage 7 × 10 carrés de 1,5 cm.

Vous trouverez, p. 28, une reproduction du tableau de Redon de la taille d'une carte postale ; détachez-la, puis en la divisant en carrés de 1,5 cm de côté, constituez une grille, soit sept carrés en largeur, 10 en hauteur, c'est-à-dire, 7 × 1,5 = 10,5 cm de large et 10 × 1,5 = 15 cm de haut.

Dessinez parfaitement ce quadrillage.

Dessinez cette grille avec précision ; ne pensez pas «un millimètre de plus ou de moins, ce sera toujours les mêmes fleurs». C'est là un travail minutieux qui est une partie importante de votre apprentissage. Donc procédez ainsi, comme un professionnel.

I. — Marquez les divisions à l'aide de la règle graduée, en faisant des traits en haut et en bas, à gauche et à droite de l'image à quadriller (figure ci-contre).

II. — Tracez les lignes horizontales avec la règle et l'équerre, Pour cela posez d'abord la règle verticalement, en la faisant coïncider avec le bord A ; appuyez ensuite l'équerre contre la règle en formant un angle droit, ce qui montre la place exacte des traits B et C par rapport au bord de l'équerre ; tracez alors la ligne supérieure, et glissez ensuite l'équerre vers le bas, pour faire les suivantes. Observez la position de la règle, de l'équerre et la manière d'opérer sur la figure ci-contre.

III. — Tracez ensuite les lignes verticales, selon le même principe.

Il est très important de mesurer exactement les espacements du quadrillage, car de cela dépend, en principe, sa parfaite réalisation.

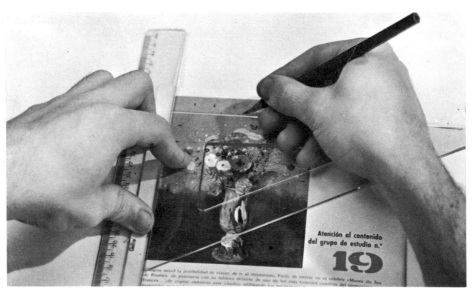

Pour reproduire exactement les mesures, on doit encadrer le modèle en glissant l'équerre sur la règle, comme vous pouvez le voir sur cette illustration.

DÉCOUPEZ SUIVANT LE POINTILLÉ
Pour dessiner le tableau d'Odilon Redon en utilisant le système de la grille, technique professionnelle de copie, détachez cette page du manuel, en la découpant suivant le pointillé, et quadrillez ensuite cette reproduction grandeur carte postale, en vous reportant aux illustrations de la page précédente.

COMMENT REPORTER CETTE GRILLE
AGRANDIE SUR LE FIN PAPIER BLANC

Les mesures de votre tableau devront être: 33,5 cm × 48 cm.

D'autre part le papier servant de calque et le papier définitif devront avoir quelques millimètres de plus afin de disposer d'une marge, quitte à couper le surplus une fois l'œuvre terminée.

Tableau de 335 mm × 480 mm : le papier calque et le papier définitif devront avoir au moins 341 mm × 485 mm.

Laissez en outre une bande de 3 cm dans le haut de la feuille de papier calque afin de pouvoir replier celui-ci pour le fixer au dessin définitif.

Pour une meilleure compréhension de tout ce que nous venons de dire, regardez la figure de la page suivante: exemple de mesures et de constructions de la grille.

Quadrillage amplifié: 7 × 10 carrés de 48 mm. Tracez sur le papier calque un rectangle de 480 mm de haut sur 335 mm de large (mesures du tableau) que vous divisez respectivement en 10 carrés (pour la hauteur) et en 7 carrés (pour la largeur). Vous obtenez une grille, chacun des carrés mesurant 48 mm de côté. Vérifiez vos mesures et le quadrillage obtenu, sur la figure.

Pour tracer cette grille il vous faut :

Procédé pour dessiner un quadrillage de grand format. I. — Sur une bande de papier, faire des marques tous les 4,8 cm ; vous aurez ainsi une sorte de règle-ruban graduée.

II. — A l'aide de cette règle de papier, reportez sept divisions sur les petits côtés du papier calque (haut et bas), puis dix divisions sur les plus grands côtés (droite et gauche).

La grille terminée, et ajustée, vous pourrez dessiner la copie du tableau au crayon noir grâce à la grille obtenue en vous servant des repères pour agrandir le tracé des contours et les volumes du modèle.

Enfin vous passerez uniformément, sur le dos du calque, un bâton de sanguine ou à défaut du pastel couleur terre de Sienne, en faisant attention de bien couvrir toute la surface... ce sera votre «carbone».

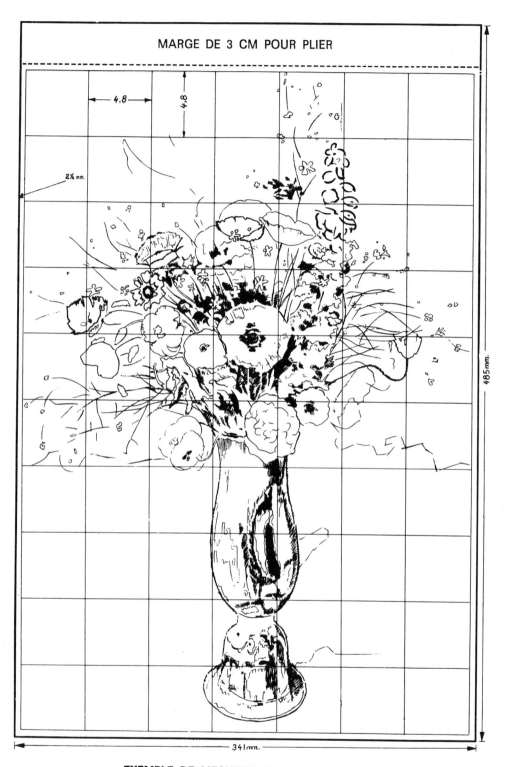

MARGE DE 3 CM POUR PLIER

4,8

4,8

2½ mm.

485mm.

341mm.

EXEMPLE DE MESURES ET CONSTRUCTION

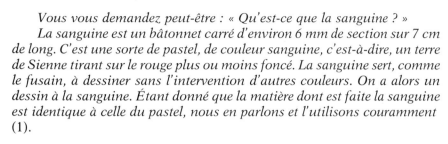

Vous vous demandez peut-être : « Qu'est-ce que la sanguine ? »
La sanguine est un bâtonnet carré d'environ 6 mm de section sur 7 cm de long. C'est une sorte de pastel, de couleur sanguine, c'est-à-dire, un terre de Sienne tirant sur le rouge plus ou moins foncé. La sanguine sert, comme le fusain, à dessiner sans l'intervention d'autres couleurs. On a alors un dessin à la sanguine. Étant donné que la matière dont est faite la sanguine est identique à celle du pastel, nous en parlons et l'utilisons couramment (1).

Si l'on n'a pas de sanguine, on peut utiliser un pastel terre de Sienne ou marron rougeâtre.

Mettez le papier calque sur le papier à dessin définitif, en repliant la bordure de 3 cm sur ce dernier et en la collant au dos.

Calque du dessin au papier définitif.

Repassez avec un crayon sur le tracé du calque, sans copier la grille, bien entendu, et sans trop appuyer la main sur le papier pour éviter de barbouiller la sanguine. Vérifiez de temps à autre l'effet obtenu. Tracez légèrement afin de ne pas laisser de sillons ou de trous dans votre papier définitif.

RECONSTITUTION FINALE DU DESSIN SUR LE PAPIER DÉFINITIF AU MOYEN DU CALQUE

Vous aurez besoin à présent d'un crayon ordinaire, d'un fusain, d'un fixatif, et aussi du papier à dessin définitif.

Mettez en face de vous la copie grandeur nature du tableau de Redon en couleurs ; imaginez que vous êtes devant l'original.

Redonnez plus de vigueur à votre travail, avec du fusain.

Donnez plus de vigueur à votre dessin en le reprenant au fusain ; mais attention, il ne s'agit pas de repasser simplement sur les traits, mais de reconstruire, c'est-à-dire de construire à nouveau le tableau, en vous servant de l'original comme d'un guide et en vous aidant des repères que vous avez tracés auparavant.

Attention à ceci : essayez d'interpréter le mieux possible la forme de chaque fleur, de chaque feuille, de chaque branche...

Tâchez de vous rappeler comment sont réellement les coquelicots, les fleurs et les fleurettes qui forment le bouquet ; essayez alors de dessiner le tout, avec, au besoin, plus de détails qu'il n'y en a sur le tableau.

Reportez-vous constamment à la figure précédente. Consultez également la reproduction suivante qui correspond au premier état.

(1) Voir, dans la même collection, "Comment dessiner au fusain et à la sanguine".

Remarquez que les parties obscures, réellement noires, du modèle ont été tracées, comme la reproduction du dessin, à la mine de plomb et au fusain... cela vous donnera des points de référence plus précis pour travailler.

Enfin, une fois votre dessin terminé, fixez-le avec un fixatif pour fusain. Ceci évitera que les pastels ne se mélangent au fusain. N'en mettez pas beaucoup pour ne pas altérer le grain du papier.

Commencez seulement à peindre...

INSTRUCTIONS GÉNÉRALES

Nous aurions aimé que vous dessiniez ce tableau sur un papier d'emballage du même ton et de la même qualité que celui employé jadis par Odilon Redon. Mais cela n'est pas à conseiller. D'abord, parce que, logiquement, il est difficile de trouver un papier d'emballage de couleur identique à celle du tableau de Redon, et ensuite, parce que, même si la couleur en était bien la même, la qualité, la texture, le grain, les inégalités ne répondraient pas aux exigences techniques du pastel. De plus, nous pensons qu'il n'est pas recommandé de s'initier à l'apprentissage de cette technique sur un vulgaire papier d'emballage, alors que Redon, ou n'importe quel professionnel expérimenté pouvait y dessiner sans difficultés ; cela vous handicaperait. Aussi, après quelques essais, nous nous sommes décidés à vous recommander le papier Ingres de couleur ocre-jaune qui

Difficulté et inconvénients à travailler avec le même papier que celui utilisé par Redon.

Cette illustration montre comment vous pouvez vous construire un chevalet avec une chaise et une planche à dessin. Observez la position de l'artiste, qui travaille assis, le bras étendu, avec l'illustration modèle près de lui.

permet d'imiter le fond coloré en terre de Sienne rougeâtre et toutes les autres couleurs qui se trouvent dans le tableau de Redon.

Comment remplacer le chevalet. Il est peu probable que vous disposiez d'un chevalet d'atelier pour exécuter votre travail. Peu importe. La solution à ce problème sera vite trouvée : vous prenez deux chaises que vous placez face à face ; l'une vous servira de chevalet et l'autre de siège. Sur la première, vous poserez à la verticale une planche ou un carton à dessin sur quoi vous fixerez, avec des punaises ou des clous, le papier Ingres ; sur le siège, vous poserez votre boîte de pastels, les fusains, un morceau de coton, etc. La copie de l'original pourra être soit fixée au mur, soit posée sur une table verticalement, mais toujours assez près de vous. Voyez la photographie précédente.

FAITES DES ESSAIS AVEC VOS PASTELS DE COULEUR SUR UN PAPIER A PART

Avant de vous attaquer à la peinture du tableau, il serait bon de vous familiariser avec le maniement des pastels ; dessinez, faites des dégradés avec les doigts, estompez ; dessinez sur les surfaces estompées, directement, etc.

Tâchez de trouver des couleurs identiques à celles du tableau de Redon. Essayez d'analyser, par exemple, quels sont les bleus qui entrent dans ces taches bleues du bas du vase ; quel jaune est le plus indiqué pour les coquelicots jaunes ; quel vert es préférable pour les feuilles, etc.

Mettons les couleurs.

COPIE MODÈLE DU TABLEAU D'ODILON REDON « FLEURS DES CHAMPS DANS UN VASE A LONG COL »

Á la dernière page vous trouverez, dûment pliée, la copie du tableau d'Odilon Redon «Fleurs des champs dans un vase à long col».

Décollez cette reproduction et placez-la au mieux pour la recopier : fixez-la sur le mur ou faites-la tenir verticalement sur une table placée à côté de vous.

PREMIÈRE ÉTAPE: Mise en place générale des couleurs.

Vous travaillez avec toutes les nuances de pastels de votre boîte et avec le fusain.

Prenez les couleurs dans l'ordre suivant :

FOND (PARTIE
SUPÉRIEURE) .... **Ocre-rouge, comme couleur de base...**

Voyez cet ocre-rouge, couleur chair foncée, qui se trouve généralement dans toutes les boîtes de pastel ; passez-le sur la partie supérieure du fond, en raclant légèrement la surface avec le plat du bâtonnet et en estompant. Faites cela légèrement afin de pouvoir repasser après.

...Adjoignez-y un peu de blanc

L'ocre rouge seul est trop sombre. En mélangeant un peu de blanc, très peu, et en estompant, vous obtiendrez la couleur de base du fond.

Lorsque vous recouvrez un fond de pastel, peu importe que vous débordiez sur les dessins. ATTENTION : couvrez tout votre fond sans vous soucier des branches, des fleurettes, des feuilles préalablement dessinées. Réservez simplement de vastes zones autour des grosses fleurs. Peu importe que vous mordiez ici ou là : la seule chose importante est de couvrir tout le fond avec le pastel. Car rappelez-vous que le pastel est par définition un matériau couvrant ; par dessus ce fond vous pourrez mettre des couleurs claires ou foncées.

Jaune clair

Il équilibrera le fond, mélangé à l'ocre rouge et au blanc.

Orange, vermillon clair

Continuons le fond : un peu d'orange, très léger autour de la branche ; du vermillon clair sur les zones qui côtoient la partie foncée du dégradé, afin d'obscurcir l'endroit où commence la zone d'ombre, derrière le vase.

FOND (PARTIE
INFÉRIEURE) .... **Sanguine, vermillon, carmin, orange, bleu de Prusse, vert foncé et noir**

Remarquez que sur le tableau de Redon (regardez la reproduction) vous pouvez déceler, dans cette partie inférieure foncée du fond, deux couleurs de base : la sanguine (ou terre de Sienne brûlée) et le noir. Mais je crois possible d'affirmer que, sous ces deux couleurs de base, il y a, en plus, du bleu de Prusse auquel vient s'ajouter un vert foncé de part et d'autre du pied du vase, plus foncé à gauche qu'à droite ; une touche orangée apparaît nettement au bas et de chaque côté du vase et, s'étendant à toute cette partie du fond, une note vermillon clair et carmin qui va s'accentuant à mesure que l'on remonte jusqu'au dégradé qui fait la jonction entre la zone claire et la zone foncée.

LE VASE .... **Ocre-rouge**

Colorez entièrement le vase en ocre-rouge, plus légèrement aux endroits où vous passerez en superposition les taches blanches, bleues, noires, etc.

Essayez de conserver le contour initial.

ATTENTION : En faisant la couleur de fond sur les lignes et formes successives, essayez de conserver intact le contour initial au fusain. Si nécessaire, repassez au fusain, très légèrement, ces lignes et ces taches afin de voir clair dans votre travail.

Reportez-vous maintenant à la figure ci-contre qui correspond au premier état où je me suis arrêté juste après avoir peint le fond et donné sa couleur ocre-rouge au vase. Passez, page suivante, au second état où vous voyez le tableau à un stade plus avancé : la couleur générale du fond est terminée, les contrastes peuvent être mis, les couleurs intensifiées. Nous allons voir ensemble par quelles étapes nous sommes passés pour arriver à ce résultat.

LES COQUELICOTS ROUGES .... **Vermillon, vermillon clair et blanc**

Le vermillon est notre couleur de base ; vermillon clair, pour les parties claires, avec ou sans pointe de blanc.

...et carmin

A la fin, en petite quantité pour renforcer les parties plus rouges, avec un rouge plus brillant.

LES COQUELICOTS JAUNES .... **Jaune clair, jaune de chrome et blanc**

Couleur de base : le jaune clair. Essayez de modeler des formes tout en mettant la couleur. Que ce ne soit pas des taches uniformes de couleur.

LES PARTIES SOMBRES AU CENTRE DU BOUQUET .... **Pastel noir et fusain**

Il faut contraster, foncer et noircir toutes les zones qui entourent le coquelicot rouge du centre. Travaillez ces parties avec le pastel noir en estompant ; n'hésitez pas à étaler avec les doigts sans vous préoccuper de faire des bavures, vous intensifierez et renforcerez le dessin, après, avec le fusain.

Lavez-vous les doigts.

IMPORTANT : Il est indispensable de se laver les mains de temps en temps ; le bout des doigts surtout, pour ne pas salir les couches claires en les estompant avec des doigts imprégnés de couleur foncée.

Il faut aussi nettoyer avec du coton les extrémités des bâtons de pastel, pour ne pas courir le risque de se méprendre sur leur couleur, prendre un jaune clair au lieu d'un jaune de chrome, confusion très courante quand les bouts sont sales, et qui n'est visible que quand le mal est fait.

LES FEUILLES VERTES ..... **Vert foncé d'abord**

Dessinez la forme des feuilles très légèrement avec le vert foncé. Avec le doigt, étendez un peu de ce vert foncé sur les parties plus sombres qui se trouvent sous le coquelicot central, puis...

Vert clair

Vous dessinerez les parties lumineuses des feuilles avec cette couleur et...

Bleu ciel

Vous intensifierez avec des traits larges et superposés de bleu ciel et de vert clair, les surfaces plus claires de certaines feuilles.

LA FLEUR BLANCHE ..... **Blanc**

Ne faites pas un blanc très blanc, et réservez le centre de la fleur pour plus tard.

**LA TIGE ALLONGÉE
AVEC DES FLEURS
BLEUES ....** **Bleu ciel**

Commencez par colorer avec des traits à peine estompés, la tige aux fleurs bleues. Attention ! Imitez avant tout les formes, les traits faits à cet endroit par Redon. Ne vous contentez pas d'une approximation.

Bleu outremer

Mettez une couche d'outremer sur presque tout ce bleu. Très légèrement pour ne pas faire de mélange; il faut seulement foncer un peu le bleu ciel.

Fusain

Puis avec toute la netteté possible vous reproduirez les traits noirs parfaitement visibles sur le tableau de Redon. Soyez attentifs... il s'agit de dessiner les traits du tableau en imitant parfaitement la facture de l'œuvre, l'intensité, l'épaisseur données par Redon.

Bleus de Prusse et outremer

Placez ces taches bleues plus sombres, qui parsèment le bouquet dans sa moitié inférieure, avec exactitude, où elles sont et telles qu'elles sont.

Terre d'ombre naturelle

C'est un marron-gris soutenu, qui vous servira à renforcer quelques-unes des taches bleu foncé.

Ocre-rouge, vermillon clair, jaune et orange

Il s'agit de peindre la partie claire du vase. La couleur de base est toujours l'ocre-rouge. Mêlez-y un peu de vermillon clair, d'orange,

peut-être du jaune et une pointe de blanc afin d'obtenir cette couleur chair soutenue. (Ne perdez pas de vue la reproduction agrandie du modèle.) Étendez cette couleur jusqu'à couvrir le côté droit, là où vous rencontrerez les franges blanches, noires et Sienne.

LE VASE .... **Fusain**

En supposant que vous ayez fait la partie gauche plus claire, mettez, au fusain, du noir sur les taches qui sont dessinées.

Sanguine et pastel noir

Poursuivez en élargissant les taches de sanguine. Observez sur le modèle que toutes les couleurs mises sur le fond d'ocre-rouge ne sont pas ou presque pas estompées.

Vert clair

Passez-le sur le fond en appuyant avec une certaine énergie, n'estompez pas.

Blanc, terre d'ombre brûlée

Du blanc sur les deux bandes verticales ; de la terre d'ombre brûlée pour la masse plus obscure, là où se devine un reflet de lumière et où viennent s'ajouter à la terre brûlée du blanc, de la sanguine, du noir.

Nécessité de secouer la poussière.

ATTENTION : N'oubliez pas qu'il est nécessaire d'interrompre de temps en temps votre travail, pour secouer la poussière du pastel, en donnant de petits coups sur le sol avec le côté du carton. Rappelez-vous aussi que vous pouvez faire cette opération en soufflant directement sur le travail.

Pensez également qu'il vous est possible d'effacer en passant un coton ou un chiffon doux et propre sur la surface.

VASE
PARTIE
SOMBRE DU FOND .... **Sanguine et pastel noir**

Revenez de temps à autre à cette partie sombre du fond, en particulier pour définir et intensifier les contrastes en faisant ressortir les parties qui touchent au vase.

LA FLEUR ROSE .... **Ocre-rouge, vermillon clair, rose, jaune clair et blanc**

Je veux parler de cette fleur de forme indéterminée, plutôt rosée, située sous le coquelicot du milieu, au bord du vase. Il faut faire jouer ces couleurs entre elles en les estompant et en dessinant les contours très particuliers de cette fleur. Prêtez une attention toute spéciale à sa forme et renforcez avec le fusain les fins traits noirs qui s'y trouvent.

LE PIED DU VASE .... **Ocre-rouge**

Une couche générale, légère, sans aller jusqu'à effacer le dessin.

Sanguine, ombre naturelle et noir

Mettez ces couleurs, en regardant le modèle, pour les tons brunâtres et Sienne. Faites attention à la forme de ces taches. Remarquez que, pratiquement, aucune des taches de couleur au pied du vase, les blanches exceptées, n'a été estompée.

Vert clair et foncé

Regardez la partie supérieure du pied : voyez-vous ces verts ? Peut-être conviendrait-il d'y ajouter un peu de sanguine pour les rendre moins brillants ?

Bleu de Prusse

Employez-le tel quel, pour la tache rectangulaire.

Bleu ciel et bleu de Prusse

A la base circulaire du pied, posez d'abord une couche légère de bleu de Prusse, ensuite, par-dessus, avec énergie, le bleu ciel.

SECONDE ÉTAPE: INTENSIFICATION DES COULEURS, EN GÉNÉRAL. CRÉATION DE CONTRASTES ET DE VOLUMES.

Reprendre les éléments utilisés précédemment.

Je ne vais pas vous donner ici un développement minutieux de ce qu'il faut faire pour mener à bien cette deuxième phase et finir votre tableau. En réalité, avec toutes les explications déjà données et une analyse des couleurs une par une, point par point, comme nous venons de le faire, vous devez être parfaitement capable de terminer votre tableau. En tout cas, vous avez le repère de la copie, avec un coloris franc (sans grandes complications, avec peu de mélanges), qui peut vous parler d'elle-même, vous dire quelle couleur peut améliorer l'état initial pour arriver à l'état définitif. Je me limiterai donc à quelques derniers conseils:

Provoquez des contrastes. Si vous voyez qu'une couleur ne se détache pas suffisamment, pensez que c'est à cause du manque de contraste entre elle et celle qui l'entoure, celle qui sert de fond. N'hésitez donc pas à accuser les contrastes de couleur en jouant à la fois sur les valeurs et sur les couleurs elles-mêmes; obscurcissez, éclaircissez; peignez *noir, noir absolu* ce qui doit être noir.

Peignez les tiges les plus minces avec du vert foncé, du vert clair ou du jaune. Laissez pour la fin la peinture des fines tiges aux fleurettes blanches. Remarquez que ces tiges peuvent être rendues par un vert foncé ou un vert clair, et même, pour les plus brillantes et les plus claires, par un jaune de chrome ou un jaune clair. Pour rendre ces branches fragiles vous avez besoin d'une main sûre et d'un pastel aux arêtes nettes. Envisagez même de travailler sur la planche à dessin, à plat, en laissant de côté le chevalet. Pour les petites fleurs, «comptez les pétales», c'est-à-dire reproduisez avec la plus grande précision la forme et la taille de ces fleurs.

Souvenez-vous: le pastel est une peinture qui couvre. Il se peut qu'à certains endroits, la couleur d'une fleur rouge, d'une feuille verte ait débordé sur le fond. N'hésitez pas à repasser par-dessus avec l'ocre-rouge, en faisant ressortir et en concrétisant les contours, ou simplement en remettant directement une tache de couleur pour couvrir...

Vous ne devez pas peindre le tableau en une seule séance. Ne vous précipitez pas. N'essayez pas de faire le tableau en une seule séance; laissez au moins passer un jour entre la mise en couleur générale et la deuxième phase. Vous verrez alors beaucoup de choses à rectifier, ce que vous pourrez facilement faire puisque vous travaillez au pastel.

Enfin, le pastel ne pouvant malheureusement être fixé sans dommage, la copie de votre tableau de Redon sera alors terminée.

LA CIRE

Caractéristiques
de la cire

Composition de base: pigments, cire et matières grasses, mélangés à chaud.

Les cires de couleur sont à base de pigments, malaxés et agglutinés avec de la cire chauffée à une certaine température, et des matières grasses ; une fois obtenue une pâte homogène, celle-ci est séchée et présentée sous forme de bâtonnets cylindriques. On peut rapprocher ce procédé de fabrication de l'élaboration des matériaux employés par l'artiste primitif des grottes de Lascaux en Dordogne ou d'Altamira en Espagne : ce seraient les mêmes colorants végétaux mélangés à des graisses animales chauffées.

Marques et classifications des cires.

De nombreuses maisons de peinture fabriquent également des cires de couleur ; citons, entre autres, Néocolor (de Caran d'Ache), Faber, Lefranc, ainsi que les marques espagnoles Goya, Taker et Dacs. La différence essentielle entre ces marques consiste en une dureté plus ou moins grande de l'amalgame cire-pigment. C'est cette dureté qui conditionnera la technique à employer pour les mélanges de couleurs, les estompes ou les dégradés.

Stabilité et caractère couvrant.

Dans tous les cas, la cire est pratiquement stable, elle colore par frottement et est couvrante jusqu'à un certain point : c'est-à-dire qu'elle permet l'application d'une couleur claire sur une couleur foncée, en atténuant celle-ci au moment du mélange. Le pouvoir couvrant de la cire est plus grand avec une cire plus tendre. Ceci n'est pas sans rappeler la parenté qui existe entre le pastel et la cire quant à leurs techniques d'application.

Présentation.

La cire se présente en bâtonnets cylindriques de diamètres et de longueurs variés ; le diamètre étant le même ou un peu plus grand que celui d'un crayon ordinaire, et la longueur variant entre cinq et douze centimètres. Vous pourrez trouver dans le commerce des boîtes ou des étuis en assortiments de 6, 12, 18, 24 ou 36 couleurs. L'assortiment le plus courant et le plus recommandé, pour un artiste non spécialisé dans ce procédé, est celui de 12 couleurs, y compris le blanc et le noir.

Possibilités.

De par sa facilité d'emploi, la stabilité et le pouvoir couvrant de ses couleurs, la cire permet d'entreprendre n'importe quelle peinture ; elle est cependant recommandée plus particulièrement pour l'exécution de petits tableaux. C'est un procédé idéal pour réaliser les ébauches d'une œuvre picturale, aussi bien de tableaux que de projets de décoration. La cire permet de peindre, à échelle réduite, des peintures murales qui seront réalisées ensuite à l'huile, à fresque ou en émaux. La cire permet d'obtenir des couleurs magnifiques — natures mortes, portraits ou même paysages — qui ont le fini, la facture et la brillance des couleurs à l'huile. Elle se prête enfin à la réalisation d'illustrations pour livres, brochures, revues... la couleur pouvant être diluée avec des solvants comme l'essence, et être combinée avec des traits à l'encre de Chine.

Le papier meilleur support. La cire peut s'appliquer sur n'importe quelle surface, papier, toile, bois, etc. Sur le plan artistique, cependant, il est conseillé de travailler sur du papier blanc ou de couleur, à la seule condition que ce papier soit rugueux, et qu'il offre une surface rêche qui puisse retenir les pigments de la cire.

La peinture à la cire ne permet pas l'emploi de la gomme. Il faut se servir d'un grattoir ou d'une lame de rasoir pour reprendre de petites surfaces ; nous étudierons ces techniques plus tard.

Fixatif. On peut fixer la cire avec un vernis plastique spécial que l'on passe avec un pinceau. On obtient alors une patine demi-mate qui n'est pas sans ressembler au vernis des tableaux à l'huile. Mais les couleurs à la cire étant par définition très stables, il n'est pas indispensable de les fixer. Elles ne bougent plus une fois appliquées.

Un ennemi: la chaleur. Il est nécessaire de préserver du soleil ou de la chaleur excessive aussi bien les œuvres réalisées, que les bâtonnets de cire.

Techniques et application

Comme nous l'avons déjà mentionné lors de l'énumération des caractéristiques des cires de couleur, les techniques d'application varient suivant que la cire est plus ou moins dure et donc suivant les marques.

Comparaison entre les couleurs à la cire et les crayons de couleur. Développons ce point : plus la cire sera dure, plus nous nous rapprocherons de la technique employée avec les crayons de couleur. Le mélange des couleurs entre elles sera obtenu par la superposition des couches mais, même dans le cas des cires les plus dures, il se produira «un phénomène d'amalgame», les bâtonnets ayant une consistance plus molle et plus grasse que les crayons de couleur. Ainsi lorsqu'on utilise les bâtons de cire on peut toujours dégrader et estomper avec les doigts, chose pratiquement impossible avec les crayons de couleur.

En général, la technique de la cire a un rapport étroit avec la technique employée pour le pastel, rapport qui devient une véritable similitude quand la cire est tendre. En effet, si nous essayons de cerner le problème plus concrètement, nous voyons qu'avec des bâtons de cire tendre comme avec des bâtons de pastel, il est possible d'obtenir une pâte colorée et de l'étaler avec les doigts ; de même on peut amalgamer des couleurs superposées en une pâte homogène (à l'instar des couleurs liquides). Si nous ajoutons du blanc sur une couleur, celle-ci verra son intensité diminuée, la couleur baissera d'un ton. Il est enfin possible, comme avec un pastel, après avoir obtenu un dégradé et l'avoir estompé avec la pression des doigts, de peindre sur les plages sombres de petites taches claires, accents, lignes, etc., qui seront accentués par la suite à grands coups énergiques de crayon. Mais la stabilité des couleurs de la cire ne permet pas de les effacer comme celles du pastel.

Similitude technique entre les couleurs à la cire tendre et les couleurs au pastel.

Cela ne signifie pas que la cire soit meilleure que le pastel, mais simplement que les résultats obtenus sont différents malgré une technique d'exécution semblable par bien des côtés.

Nous allons résumer les points de base de cette technique en nous référant spécialement à la cire de qualité tendre.

Tout d'abord, vous commencerez à grands traits francs et, après avoir mis plusieurs épaisseurs de couleur primaire (cyan), vous modèlerez des zones sombres (cyan et carmin) et des zones plus claires (cyan et jaune).

Il faut commencer la peinture à grands traits francs.

Après cette première étape, vous pourrez alterner le tracé direct et l'estompe, c'est-à-dire la fusion des couleurs avec les doigts ; pour obtenir celle-ci aussi parfaitement que possible vous appuyerez avec force votre trait afin de déposer une quantité de couleur suffisante.

Estomper avec les doigts.

Il nous faut penser au blanc comme à une couleur d'harmonisation de base, c'est une couleur qui s'amalgame aux autres très facilement. Mais veillez à ne pas abuser de son extraordinaire souplesse d'utilisation sous peine de tomber dans le piège de la grisaille, du virage au gris de toutes les couleurs.

La couleur blanche comme facteur d'harmonisation.

La cire ne souffre pas l'emploi d'une gomme. Pour modifier une forme ou changer une couleur, il n'y a qu'à gratter avec un grattoir ou une lame de rasoir afin d'enlever le gros de la matière déposée. Il reste toujours une fine pellicule qui ne peut être éliminée. Il faut remettre ensuite une autre couleur.

Pour effacer, il faut gratter avec une lame de rasoir.

Il peut arriver avec l'emploi de certaines couleurs, le jaune par exemple, que, après avoir déposé une certaine épaisseur, l'avoir estompée et affinée avec les doigts, la cire ou la graisse s'agglomère, provoquant des variations dans les tons, un manque d'unité dans la couleur.

Il faut alors éliminer ces grumeaux avec un chiffon propre, puis appliquer sur la partie dégraissée une nouvelle couche de couleur.

Pour un bon rendu des couleurs, la propreté est indispensable.

La cire tendre a tendance à se ramollir simplement à la chaleur de la main. Quand on peint à la cire, il est commode d'avoir plusieurs bâtonnets dans la main gauche, pendant que l'on en utilise un avec la main droite. D'une part les couleurs claires, le blanc surtout, se salissent au contact des couleurs foncées. D'autre part, après avoir utilisé le blanc ou le jaune sur une zone foncée, la pointe du bâton clair reste imprégnée, salie par la couleur foncée. Si vous voulez faire une touche avec cette couleur claire, vous devrez d'abord nettoyer la pointe avec un chiffon, afin d'obtenir une plus grande propreté d'exécution.

Il faut se nettoyer le bout des doigts de temps en temps.

Il faut enfin signaler que les bouts des doigts imprégnés de couleurs, agissent comme de véritables pinceaux, qu'il faut nettoyer de temps en temps, surtout si l'on a à estomper des surfaces ou des formes de couleur claire.

Travaillez avec des vieux vêtements.

A ce propos, je vous recommande de travailler avec une blouse ou un vieux vêtement. La cire contient une grande quantité de graisse dont les parcelles adhèrent très facilement aux vêtements, provoquant des taches difficiles à enlever.

Examinons maintenant quelques trucs de métier.

Grattage d'une couleur superposée et apparition de celle peinte dessous.

Nous avons vu qu'il était possible de retirer avec un couteau, une pointe ou le fil d'une lame de rasoir, le surplus de matière, et de ne laisser qu'une fine pellicule. Supposons maintenant qu'après avoir peint les brillances du modèle avec de la cire blanche — je parle ici d'un éclat «concret» comme celui d'une bouteille, d'un flacon de cristal — nous débordions en mettant tout autour les autres couleurs, c'est-à-dire que cette touche de blanc soit mangée par la couleur ; il suffira, sur cette tache initialement passée au blanc — je dis bien initialement —, de racler, gratter avec la lame du rasoir, en enlevant toute la couleur superflue, pour qu'apparaisse le blanc dans sa splendeur première.

Possibilités de cette technique.

Vous saisissez tout l'intérêt de ce procédé, applicable non seulement pour des éclats aussi petits soient-ils mais aussi pour des formes déliées, des réserves autour d'un trait : que ce soit le mât blanc d'une embarcation, le reflet de ce mât dans l'eau, la tige d'une fleur, etc.

Cette astuce peut s'employer, de plus, sur un plan de décoration, pour dessiner des formes, des personnages, des animaux, des plantes, si l'on pense par exemple à la combinaison d'un vert très clair et d'un vert très foncé. On met d'abord le vert clair, puis on couvre avec le vert foncé, et en dernier lieu, on redessine avec une pointe ou avec le fil d'une lame de rasoir, afin d'obtenir une silhouette en clair sur un fond foncé, un négatif, en quelque sorte.

Il faut citer d'autre part, en continuant cette étude, la possibilité de colorer à la cire un dessin réalisé à l'encre de Chine, et même l'extraordinaire utilisation de la cire comme si c'était un liquide ; en diluant les couleurs sur le papier avec de l'essence ordinaire ou de l'essence de térébenthine, on obtient alors ce flou et cette transparence de grande qualité artistique.

Je vous conseille d'essayer toutes ces possibilités en dessinant et colorant vous-même et pour vous-même, sur du papier fort au grain suffisamment grossier, de format moyen, par exemple 25 cm × 35 cm, ou bien alors sur des surfaces plus grandes que vous traiterez à la façon d'un dessin coloré, non achevé une sorte d'illustration décorative que vous pourrez encadrer.

Possibilité de combiner la cire avec de l'encre de Chine, ou de la diluer avec de l'essence.

Exercice pratique de peinture à la cire

PEINTURE D'UNE NATURE MORTE COMPOSÉE PAR L'ÉLÈVE

MATÉRIEL: PAPIER À DESSIN CANSON. CRAYON ORDINAIRE N° 2; PAPIER ORDINAIRE POUR LES ESSAIS PRÉALABLES; UN ÉTUI DE 12 BÂTONNETS DE CIRE; UNE LAME DE RASOIR.

Revoyez avant tout les passages du chapitre précédent relatifs à la peinture au pastel (pages 15 et suivantes). Il est possible d'appliquer la plupart des enseignements donnés dans ces pages, sans toutefois négliger le fait que les couleurs à la cire ont une stabilité plus grande que les pastels. Cependant pour tout ce qui touche aux mélanges, aux techniques de l'estompe, de superposition de couleurs, les similitudes sont telles qu'elles ne sont pas à négliger.

Sur l'illustration de la page suivante, étudiez la gamme de couleurs formée par un assortiment de 12 couleurs composé généralement de:

Blanc

Jaune cadmium moyen

Orange

Rouge

Carmin

Violet

Bleu cyan

Bleu outremer

Vert

Ocre jaune

Terre de Sienne brûlée

Noir

Mettez-vous à l'étude sans attendre et exercez-vous au maniement de ce matériel, relativement moderne, prôné dans les écoles des Beaux-Arts et qui permet de peindre avec facilité et rapidité.

Nous allons essayer de prendre contact directement avec le procédé, en réalisant les exercices suivants. Prenez quelques feuilles de papier Canson ou un papier similaire, au grain inégal.

I. — Prenez le bâton de couleur bleu cyan, et faites une tache de couleur comme celle de la figure ci-après A.

II. — Estompez cette tache avec les doigts, énergiquement, jusqu'à obtenir un ton régulier, figure B. Appuyez fortement les doigts pour avoir une pâte ; la cire doit être pâteuse, presque liquéfiée.

III. — Faites maintenant sur le bleu des traits avec la cire blanche, pour étudier la possibilité de mettre une couleur claire sur une couleur foncée, figure C.

IV. — Estompez ce blanc avec les doigts, pour étudier aussi la possibilité d'éclaircir l'intensité d'une couleur donnée, figure D.

V. — Mettez maintenant du carmin, du jaune, de l'ocre, etc., par-dessus le bleu du début, en estompant ensuite avec les doigts ; ainsi, vous essayerez la possibilité de superposer et de mélanger les couleurs les unes aux autres pour obtenir des nuances variées, figure E.

VI. — Enfin, grattez avec un grattoir ou le fil d'une lame de rasoir ces taches de couleur que vous venez de mettre, vous verrez que vous retrouverez ainsi le bleu du début, figure F.

Cette dernière expérience nous rappelle la possibilité de peindre en «négatif», en utilisant comme «crayon» la lame de rasoir.

Blanc

Jaune cadmium moyen

Orange

Rouge

Carmin

Violet

Bleu cyan

Bleu outremer

Vert

Ocre jaune

Terre de Sienne brûlée

Noir

Ou encore la possibilité d'obtenir des blancs purs, selon le procédé qui consiste à mettre d'abord le blanc, à y superposer ensuite d'autres couleurs, et à gratter enfin celles-ci avec la lame de rasoir.

Mais passons sans tarder à la réalisation du premier tableau à la cire.

Prenez du papier Canson, ou à défaut un papier solide à la fibre résistante, encollé, qui rappelle le bristol par sa raideur et le bruit presque métallique qu'il peut faire, et qui possède en outre un grain visible en surface.

FIG. 2

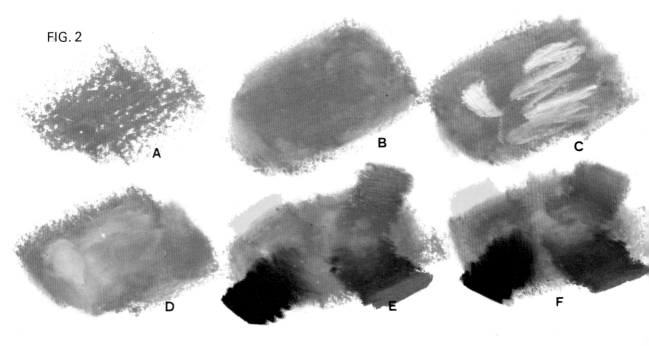

PREMIÈRE ÉTAPE: ÉTUDE DU SUJET,
ÉBAUCHEZ LE DESSIN ET LA COULEUR

Choisissez un modèle, et essayez d'en étudier la composition, en dessinant quelques croquis parmi lesquels vous retiendrez le meilleur. Colorez-le alors à la cire, étant entendu que vous travaillez pour le moment à échelle réduite pour de petites ébauches de 10 cm × 15 cm et sur du papier Canson ou similaire.

Faites une étude préliminaire de composition et d'harmonisation sur 10 × 15 cm.

Pour la réalisation du tableau dont le déroulement est reproduit dans les pages suivantes, 52, 53 et 54, j'ai moi-même commencé par en étudier le sujet et la composition au moyen de petites touches de couleur faites à la cire. Voyez-les sur les dessins en noir reproduits à la page suivante. Observez que j'ai d'abord essayé de faire la composition du tableau en prenant comme modèle une carafe de cristal, un mortier et quelques piments; que j'ai ensuite changé le nombre des éléments, en supprimant certains, en ajoutant d'autres; qu'à partir de cette dernière ébauche, j'ai fixé la composition définitive en ajoutant un pot de terre, en supprimant une orange et en modifiant légèrement la position de la carafe par rapport aux pommes.

La composition étant décidée, et la gamme d'harmonisation la plus adéquate au sujet, étudiée, dessinez le modèle avec un crayon n° 2 sur le papier Canson définitif.

DEUXIÈME ÉTAPE: ON UTILISE TOUTES LES COULEURS

Au début, je vous recommande, en principe, de travailler exclusivement au bleu cyan, et de faire avec ce bleu toutes les parties sombres du modèle. Ainsi vous arriverez du premier coup à «rompre la stridence du

Peignez d'abord avec le bleu cyan.

43

3

4

blanc du papier» en appliquant au passage la règle : «Le bleu est présent dans toute obscurité».

Continuez, après cette couche de bleu cyan, en utilisant toutes les couleurs que nécessite le modèle.

I. — Dessinez sans estomper pour l'instant.
II. — Ne vous inquiétez pas si vous dépassez.
III. — Pour le moment, soyez prudent et allez toujours de moins à plus.

TROISIÈME ÉTAPE : INTENSIFICATION GÉNÉRALE DES COULEURS

Il est maintenant nécessaire d'appuyer avec plus d'énergie, de mettre davantage de matière, de cire et de graisse, afin que cette matière puisse faire un amalgame sous l'action des doigts lorsque l'on estompe. Pour faire des couleurs composées, comme le kaki, le gris-bleuté, le vert-grisâtre, commencez par mettre une couleur déterminée, estompez ensuite, remettez la même couleur ou une autre, estompez encore avec les doigts. Il vous sera facile, quand la couche sera devenue grasse, d'ajouter un peu de bleu, ou de jaune, ou de rouge, ou d'ocre, ou de la couleur nécessaire pour vous approcher le plus possible du ton de votre modèle.

Appuyez maintenant avec plus d'énergie, accumulez plus de matière.

Essayez de modeler, de donner une forme avec vos doigts, comme si ceux-ci étaient des pinceaux. Cela voudra dire, bien des fois, dépasser, mordre sur une couleur avec une autre. Mais cela n'a aucune importance : «à chaud», tandis que la matière offre cet état semi-liquide, il est facile de rectifier, de préciser et de dessiner, en passant un doigt, et parfois avec l'aide directe du bâton de cire. Dans tous les cas, il est préférable d'avoir une sensation de fluidité avec des traits peu nets qu'une impression de rigidité et de froideur. Peignez le tableau entier tout à la fois, allez d'un côté à l'autre, sans vous attarder sur un détail.

Estompez avec les doigts.

QUATRIÈME ÉTAPE : MISE AU POINT DÉFINITIVE

Laissez passer un jour, ou au minimum quelques heures entre les deux étapes.

Cherchez les couleurs justes, en vous efforçant de bien percevoir les nuances. Observez attentivement les couleurs reflétées dans les ombres ; mettez en valeur les limites en faisant jouer les contrastes.

Cherchez la justesse de coloris.

Trouvez l'atmosphère juste du tableau en fondant les contours des objets les plus éloignés (c'est facile avec les doigts) et en affirmant ceux des objets les plus proches.

Contraste et atmosphère.

Pour compléter cet enseignement, permettez-moi de transcrire à la suite les notes que je dictais pendant que je peignais une nature morte à la cire tendre. Voici le texte et les reproductions originales, fruits de cette expérience :

«Pour commencer, je mets du bleu cyan sur le fond et les ombres. Je donne un peu plus d'intensité aux ombres qui se trouvent sur la nappe. Je mets du bleu, même très faiblement, sur les parties blanches de la nappe. Du noir et du vert sur la carafe... Je mélange ce noir et ce vert avec du bleu cyan qui grisaille et harmonise. De l'ocre sur le fond, autour de la carafe. A droite, au fond, près du col de la carafe, j'ajoute du carmin

Procédé de réalisation d'une peinture à la cire.

et encore du cyan, j'estompe avec les doigts; pour l'instant je laisse la carafe, je vais m'occuper du pot; ocre et Sienne brûlée, du bleu cyan pour les ombres; j'estompe un peu avec le doigt; je passe aux pommes; du jaune, puis du cyan pour les ombres; cela donne un vert; c'est trop vert. Ajoutons du blanc, mais les pommes sont trop pâles maintenant; j'y reviendrai plus tard; j'ajoute une touche de carmin sur la pomme isolée à gauche; j'estompe, cela ne donne pas un rose très joli... laissons; maintenant, les oranges: je mets de l'orange, puis j'ajoute du carmin dans les parties d'ombre; j'estompe; j'obtiens un marron un peu carminé; ça suffit pour le moment. Je mets un peu d'ocre sur l'ombre du mortier et sur le manche du pilon, en l'atténuant un peu avec du blanc. Je mets également de l'ocre sur la partie la plus sombre de la banane. Je renforce avec du carmin toutes les ombres portées de la nappe.

Je mets sur le fond du bleu cyan et de l'ocre; j'obtiens un vert sale; j'ajoute du carmin, il faut plus de consistance; j'estompe, j'ajoute du bleu outremer, très peu, un peu de noir, et du blanc. J'estompe vigoureusement, il n'y a pas encore assez d'épaisseur. Je mets davantage de bleu cyan et davantage de blanc, je rajoute également d'autres couleurs: du

vert avec du noir sur la carafe. Au commencement j'ai réservé les blancs de la carafe, mais maintenant que j'intensifie et obscurcis la couleur de ladite carafe, les blancs sont trop blancs. Je salis ces reflets brillants, avec les couleurs que j'ai sur le bout des doigts, cela donne un gris bleuté. Du blanc sur le mortier; j'estompe avec les doigts... et je mets du gris, plus de jaune, et du blanc sur les pommes; du bleu cyan, du noir et un peu de carmin sur leurs ombres. Je remets un peu d'ocre sur le pilon, un peu d'orange et du blanc. Je mélange ces couleurs, j'ajoute du bleu cyan et du carmin sur l'ombre du pilon. Je m'écarte du tableau; les oranges sont orange; carmin et jaune avec du bleu cyan sur les ombres; je repasse les traits avec du noir. Je continue: du jaune sur la banane; j'estompe les ombres profilées sur la nappe... J'ajoute du blanc sur la nappe et j'estompe.

Il faut remettre de la couleur, de la matière, en particulier sur le fond afin de parvenir à fondre contours et formes. Ocre et terre brûlée sur le pot de terre; épaissir avec un peu de blanc, et de bleu cyan l'ombre réfléchie. Il semble aisé maintenant de faire ressortir le brillant du col de la carafe avec le blanc; celui-ci accroche merveilleusement. Je reviens au

*mortier: bleu cyan, carmin, blanc — mes doigts sont sales, et le blanc
vire au gris lorsque j'estompe —; je repasse les parties lumineuses du
mortier avec le même bâton de blanc; je frotte celui-ci et le nettoie auparavant, pour que le blanc soit bien blanc. Je reviens au fond, pour foncer
les environs du mortier, ce qui provoque un grand contraste. Le pot se
fond encore plus. Je reprends les oranges: de l'orange et du carmin,
du vert pour les feuilles et du jaune pour baisser la stridence du vert;
du blanc, très peu, juste pour amortir le brillant des feuilles. La banane,
je la rends jaune et blanche dans la partie la plus claire, ocre, jaune et
orange dans la partie qui est dans l'ombre. Ocre, cyan, et noir pour la
partie inférieure, ton grisâtre de la nappe. Et je termine les pommes:
avec du jaune, du blanc, un tout petit peu de rouge... du bleu cyan, du
bleu outremer et du carmin... du noir (sans ce noir, il n'y aurait pas
de volume, il n'y aurait pas ce ton grisâtre qui donne sa juste valeur à
la couleur froide des ombres). Quelques dernières touches de noir afin
de faire ressortir les contours du pilon, les parties d'ombre au pied des
oranges, le contour des pommes, des bananes. Cela suffit. Demain je
verrai si tout est correct.»*

LA GOUACHE

Caractéristiques
de la gouache

Voici une peinture d'un nouveau genre, qui rappelle par certains aspects la technique de l'aquarelle et par d'autres celle de la peinture à l'huile. Comme l'aquarelle, la gouache se dilue dans l'eau, elle utilise les mêmes pinceaux, un même support, le papier ; mais elle a un pouvoir couvrant plus grand, qui permet retouches et épaisseurs.

La gouache reste cependant une technique peu et mal connue de bien des peintres amateurs.

Composition des couleurs à la gouache. La gouache est composée des mêmes ingrédients que l'aquarelle : pigments, d'origine végétale, minérale ou animale, que l'on a réduits à l'état de poudres très fines mélangées et agglutinées avec des gommes solubles dans l'eau, comme la gomme arabique. Viennent s'ajouter à ces éléments des substances gélatineuses qui ont pour but d'empêcher la peinture de se craqueler par une dessiccation trop rapide.

Différence essentielle avec les couleurs à l'aquarelle. La différence essentielle réside dans la quantité de pigments employés dans l'un et l'autre cas. Tandis que les quantités de gomme et de gélatine sont proportionnellement supérieures à celles des pigments dans l'aquarelle, dans la gouache les proportions se trouvent inversées. Et c'est logique qu'il en soit ainsi, si l'on tient compte de ceci ;

**L'aquarelle se caractérise par sa transparence,
et la gouache par son opacité.**

Dans la gouache, il y a plus de matière. Même très diluée, la gouache offre toujours une apparence épaisse, opaque, couvrante.

Possibilité de peindre des couleurs claires sur des couleurs foncées. Une conséquence importante, caractéristique de ce procédé, est que la gouache, à cause de sa qualité couvrante, permet de peindre des couleurs claires sur des couleurs foncées ; on peut très bien à la gouache obtenir une touche de blanc sur un fond noir.

Naturellement, pour que cette qualité puisse jouer, il faut étendre la gouache avec très peu d'eau, afin d'obtenir une pâte légèrement épaisse, à peine liquide.

Séchage rapide: lorsque la peinture est sèche, les tons sont plus doux et l'apparence devient mate.

La similitude de composition de la gouache et de l'aquarelle permet leur utilisation simultanée dans un même travail, une même peinture. Il est courant, par exemple, en illustration, d'utiliser l'aquarelle mélangée à une petite quantité de gouache et d'aquarelle, ou à de la gouache seule.

La gouache sèche assez rapidement. Tant que la peinture est humide, et vient d'être appliquée, la couleur est plus intense, plus vive. Une fois sèche, elle a un aspect absolument mat.

Présentation en tubes et en petits pots de verre.

La gouache se présente en tubes et en petits pots de verre. L'apparence du produit, quand il sort du tube ou quand on ouvre le pot, est celle d'une pâte un peu épaisse. On ne peut pas dire qu'il existe de différences entre les deux présentations, si ce n'est que la peinture en pots a tendance à sécher plus rapidement car elle est plus exposée à l'air. En général, le tube est plus adéquat pour la peinture artistique, surtout quand on travaille en plein air, car il permet un dosage plus facile qui rend le travail semblable à celui de la peinture à l'huile. La peinture en pots, meilleure pour le travail en atelier, est utilisée sous cette forme par les artistes en publicité.

Marques.

L'intensité, la finesse, et la stabilité de la couleur, le fait que le ton baisse moins au séchage sont les caractéristiques des bonnes marques comme Pebéo, Linel, Lefranc-Bourgeois, Talens, Pelikan, Paillard, etc., avec lesquelles on est assuré d'un rendu maximum de la couleur et d'une bonne opacité.

On utilise les mêmes pinceaux pour la gouache et pour l'aquarelle, avec une préférence pour les pinceaux en poils de martre.

La gouache peut être appliquée sur n'importe quel support (papier, toile avec beaucoup d'apprêt, bois, plâtre, verre, etc.) du moment qu'il a subi un minimum d'encollage ou de préparation afin que la couleur soit stabilisée d'une façon permanente. On peut mettre de la gouache sur une surface plâtrée par exemple, en la préparant auparavant avec une couche très liquide de colle de menuisier afin de boucher les trous et d'éviter que le plâtre ne «boive» la gouache. Mais le support le plus généralement utilisé est le papier à dessin de bonne qualité et spéciale-ment le papier Canson, ou similaire, légèrement grainé, suffisamment épais pour ne pas se déformer ni onduler quand on applique la peinture humide.

De nombreux artistes professionnels utilisent la gouache pour des projets de décoration en architecture, des études pour des décors de théâtre, des peintures murales, où la gouache est la seule à rendre la matité des peintures qui seront ensuite réalisées définitivement avec une peinture à l'oeuf, à la détrempe ou même à la gouache. On applique sur-tout ce procédé dans le domaine commercial et publicitaire: de l'affiche peinte jusqu'aux couvertures de livres, en passant par les titres, les illus-trations destinées aux revues, annonces, prospectus, cartes de vœux, af-fichettes et brochures. On peut affirmer que la gouache est le moyen de prédilection de l'illustration et du dessin publicitaire.

La gouache peut être une merveilleuse transition pour passer à l'en-seignement de la peinture à l'huile, avec laquelle elle n'est pas sans offrir certaines similitudes.

Techniques
et application

La technique de la gouache est conditionnée par les caractéristiques suivantes: *a*) on travaille une matière épaisse; *b*) son séchage est rela-tivement rapide; *c*) la couleur baisse d'un ton une fois sèche.

Nous allons voir le rôle respectif de ces trois facteurs dans la peinture d'un fond uni, vaste et sur lequel nous emploierons une couleur composée, un gris-bleu par exemple.

Théoriquement la peinture d'un tel fond semble facile ; il faut faire le mélange des couleurs, puis l'étendre sur le papier blanc avec un gros pinceau. Mais dans la pratique, il peut se produire les choses suivantes : la couleur, trop épaisse, sèche trop vite et il est difficile de l'étaler ; ou elle est trop liquide et les coups de pinceau apparaissent ; enfin nous avons la consistance voulue mais nous n'arrivons pas à l'étaler avec régularité, et une fois sèche, apparaissent des différences de ton, des bandes foncées et d'autres plus claires.

Difficultés pour peindre un fond.

Si vous voulez retoucher, reprendre les zones irrégulières avec une couche de peinture, le remède est pire que le mal. Ces parties repeintes, une fois sèches seront entourées d'une auréole claire, semblable à celle qui se forme sur un tissu nettoyé avec un mauvais détachant, ou bien vous aurez une tache sombre sur le fond. Et si, en plus, vous n'avez plus assez de couleur et qu'il faut en recomposer, la chose est encore plus compliquée ; que l'on peigne à l'aquarelle, à l'huile, que l'on fasse du pastel, il est difficile de refaire une autre dose de couleur composée (comme notre gris-bleu) d'un ton tout à fait identique au premier. Cette difficulté est augmentée à la gouache car la première couche de peinture une fois sèche baisse visiblement de ton : 10 % au minimum, et pour des couleurs comme le pourpre et le carmin de certaines marques, de 20 à 30 %.

La retouche difficile.

Que doit-on faire alors ?

COMMENT PEINDRE UN FOND LISSE AVEC DES COULEURS A LA GOUACHE

Peindre un fond lisse à la gouache est habituel dans la publicité, dans l'art de l'affiche par exemple ; c'est courant, dans certains cas, pour la peinture artistique, surtout pour la peinture moderne.

Quel que soit le cas, les connaissances acquises seront applicables à toute technique qui utilise la gouache, sans exception.

La première précaution à prendre est de composer la couleur en quantité nécessaire ; mieux vaut pécher par excès. Pour cela les professionnels utilisent des petits pots évasés, récipients de verre ou de porcelaine, où ils mélangent et composent leurs couleurs.

La densité du mélange dépend de la quantité d'eau ajoutée à la couleur. En général, quelques gouttes suffisent pour diluer la couleur et former une sorte de bouillie fluide.

Peu d'eau.

La peinture du fond se réalise généralement avec un pinceau plat, d'un numéro compris entre 16 et 20 ; quand le fond est d'un grande dimension (celui d'une affiche par exemple), on utilise un rouleau en mousse.

Vous passerez d'abord votre pinceau horizontalement sur toute la surface à couvrir, en étalant votre couleur le plus uniformément et le plus rapidement possible ; lorsque vous arriverez au bas de votre feuille, il faut que le haut soit encore humide, cela vous obligera parfois à revenir sur les premiers coups de pinceau avant d'arriver au bas de la feuille. Sur le fond légèrement humide, vous passerez alors une seconde couche, verticalement. Votre papier gardera alors assez d'humidité pendant la durée de votre travail.

COMMENT FIXER LE PAPIER A DESSIN
POUR PEINDRE A LA GOUACHE

Si vous peignez à la gouache sur du papier, l'humidité le fait onduler. Pour éviter cet inconvénient qui pourrait nuire au résultat final, il faut maintenir le papier bien fixé et tendu, en suivant le processus indiqué ci-après :

a)

BANDE DE PAPIER GOMME

b)

c)

a) En vous aidant d'une éponge légèrement imbibée d'eau, humectez plusieurs fois une seule face du papier à dessin, doucement, sans frotter, jusqu'à ce que le papier perde sa rigidité naturelle.

b) Placez votre feuille de papier sur une planche de bois et fixez-la en haut par un de ses côtés, avec une bande de papier gommé ; puis, en tendant fortement le papier et en l'étirant vers le bas, fixez une autre bande de papier gommé.

c) Pour parfaire le montage vous collerez les deux côtés avec le papier gommé et attendrez qu'il sèche en tenant la planche à l'horizontale. Lorsqu'il est sec, vous avez un papier bien tendu sur lequel vous pourrez peindre sans qu'il gondole.

Une troisième couche sera peut-être nécessaire. Dans tous les cas, il convient en dernier lieu d'égaliser la peinture, c'est-à-dire de passer doucement le pinceau, en lissant et étalant la gouache, en éliminant le plus possible les marques laissées par les poils du pinceau (sorte de sillons minuscules qui peuvent changer le ton une fois le fond sec).

En travaillant ainsi, il n'est pas possible de peindre un fond délimité, c'est-à-dire inscrit à l'intérieur d'un carré ou d'un rectangle déjà dessiné. L'habitude est de :

1. Dessiner au crayon les limites du fond au moyen de traits énergiques pour qu'ils restent visibles quand on étale les premières couches. **La limite du fond.**

2. Peindre en dépassant, c'est-à-dire en débordant sur les traits de limite.

3. Redessiner au crayon lesdites limites, évidemment quand la gouache est sèche.

4. Recouvrir de gouache blanche les bavures, ou bien, au cas où le fond est de petites dimensions, le découper et le coller sur un nouveau papier qui fera un cadre blanc.

Si, malgré tout, le fond n'est pas parfait, on peut passer une couche de couleur assez liquide pour humecter, puis passer plusieurs couches en répétant le processus décrit précédemment.

Quand un fond est sec et qu'il est terminé, il faut le préserver d'accidents possibles. Une goutte d'eau, par exemple, est suffisante pour remettre votre œuvre en question.

Voyons maintenant le rôle joué par les trois facteurs cités précédemment dans l'obtention d'un dégradé.

Peindre des dégradés. Quand le dégradé peut être fait d'un seul coup, en juxtaposant d'abord les deux tons, puis en les mélangeant, en les dégradant ensuite avec le pinceau, tant que la peinture reste humide, il n'y a aucun problème. Dans les exercices pratiques à réaliser tout de suite, vous ferez des dégradés plus facilement même que si vous peigniez à l'aquarelle.

Difficultés de peindre à la gouache des dégradés sur fond humide. Les problèmes surgissent et se multiplient lorsque le dégradé fait partie du modèle, qu'il soit brutal ou progressif ; qu'il modèle un corps, un menton, le dessin d'un nez ou qu'il rende le passage de l'ombre à la lumière. En de tels cas, il est rare que l'on puisse garder la peinture humide le laps de temps nécessaire ; tandis qu'on s'attache à dessiner et à peindre les parties sombres d'une zone, d'autres parties, peintes auparavant, sèchent, ou bien, après avoir monté ou baissé d'un ton, une couleur, une fois séchée, nous apparaît comme ayant trop ou trop peu d'intensité. Le problème qui se pose est alors le suivant : comment obtenir un dégradé entre une zone déjà sèche et une autre encore humide ?

C'est un des problèmes majeurs de la gouache sur lequel il faut insister.

La difficulté réelle avec laquelle on se trouve confronté dans la peinture à la gouache réside dans la réalisation de dégradés entre une zone dessinée, peinte, terminée et sèche et une zone vierge, ou une zone déjà peinte mais qui doit être modifiée.

Vous êtes en train de peindre une tête, un visage, une face. Vous commencez par la peinture des parties sombres de la joue. Rapidement, sans attendre, vous faites la couleur plus claire qui correspond aux parties éclairées du visage ; avec facilité, puisque la peinture des deux zones est humide, vous faites un passage en dégradé entre les deux tons. C'est alors que vous vous apercevez que le cou forme avec le visage une transition pour laquelle il faudra que vous obteniez des tons fondus, dégradés avec ceux du menton, des joues, de l'oreille, et ces parties sont déjà sèches. Comment faire ?

DÉGRADÉS A LA GOUACHE

La première règle à suivre est de délimiter les différentes parties du modèle en surfaces sans dégradés, là où n'interviennent au maximum que deux ou trois dégradés. On pourra ensuite se concentrer sur une partie donnée et la travailler en une seule fois en prenant soin de maintenir humides les tons juxtaposés afin de les fondre facilement avec le pinceau. **Division du modèle en zones de dégradés.**

Il existe une technique spéciale pour utiliser votre pinceau dans ces fondus : elle consiste à vous servir de votre pinceau comme d'un peigne après avoir aplati et écarté les poils pour qu'ils soient disposés en touffes séparées comme les dents d'un peigne.

D'abord mettez les deux tons appelés à être fondus dans la zone adéquate. Ensuite, en mettant sur le pinceau l'un de ces deux tons, fondez et mélangez en dégradant avec l'autre ton, avec des coups de pinceau horizontaux ou verticaux, suivant la forme du modèle.

Vous n'obtiendrez probablement pas encore un dégradé parfait. Pour arriver à une parfaite harmonisation, il faut alors «peigner» la zone à dégrader. Procédez ainsi : **«Peigner» les fondus.**

Sans laver votre pinceau, vous l'essuyez simplement avec un chiffon, avec le pouce et l'index, vous aplatissez les poils de manière à les écarter légèrement comme les dents d'un peigne. Vous passerez alors cette espèce de brosse sur la zone à dégrader, doucement, sur la couleur encore humide (il n'y a rien à faire sur la couleur sèche) dans le sens des poils alternativement du clair au foncé et vice versa.

Voici agrandie l'extrémité d'un pinceau dont on a écarté et aplati avec les doigts les poils afin d'obtenir sur une surface peinte à la gouache un dégradé, que cette surface soit humide ou sèche.

Cette méthode est à utiliser pour des dégradés sur des parties humides.

Comment dégrader à sec. Si vous n'avez plus cette possibilité et qu'il vous faut obtenir un dégradé entre deux parties sèches vous pouvez procéder de deux manières : humecter la partie sèche avec de l'eau claire et utiliser le système décrit ci-dessus, ou faire le dégradé à sec en chargeant votre pinceau de couleur épaisse et en le frottant sur la partie sèche.

La première manière est adaptable à tous les types de dégradés. Il est seulement nécessaire d'humecter la partie sèche, très soigneusement avec très peu d'eau ; puis avec le pinceau aux poils aplatis, peindre en évitant de retirer la couleur. Cela doit être fait sans insister, en humectant le pinceau une ou deux fois au maximum.

Le dégradé à sec, de la deuxième manière, n'est utilisable que sur de petites surfaces ; il est possible cependant de faire, de ce procédé, un style. En traitant ainsi tous les dégradés, ce qui donne une facture spontanée et désinvolte à l'œuvre, on ne doit pas rechercher la minutie ou le fini.

COMMENT REFAIRE UN DÉGRADÉ

Bien que vous ayez suivi au pied de la lettre les explications ci-dessus, il se peut qu'une fois une partie terminée et sèche, il vous faille la retoucher, la modifier. Il est courant, par exemple, de voir, à la fin, un défaut de construction.

«Déplacer» un dégradé. Comment procéder à sec et sur de l'humide. Dans ce cas nous devons distinguer, selon l'importance des modifications, entre retoucher légèrement ou modifier notablement l'aspect (ombres, demi-teintes, reflets). Si la modification est importante, il faut humecter toute la surface avec de l'eau propre, et repeindre en déplaçant les tons, ce que l'on peut parfois obtenir sans même ajouter de la peinture, en «peignant» tout simplement avec le pinceau humide, ou en insistant, avec davantage de couleur. Si la retouche est minime, il suffit de passer le pinceau légèrement mouillé, et dont les poils ont été séparés, sur les parties foncées, et de transporter la couleur dans une zone plus claire, en déplaçant le dégradé, l'adoucissant, le modelant afin de lui donner la forme désirée.

Faut-il peindre du premier coup? De tout ce que nous avons dit , on pourrait déduire que la technique de la gouache exige la finition du premier coup, et que si l'on peint un œil, par exemple, on ne le laisse qu'une fois terminé.

Oui, d'une certaine façon, les facteurs énumérés précédemment (peinture qui sèche vite, couleurs baissées d'un ton au séchage) exigent une réalisation rapide, d'un seul jet. Ici il faut bien marquer la différence entre le style artistique et le style commercial.

Le premier n'exige pas une fusion complète des tons, des dégradés parfaits ; pour la peinture de paysages, d'une nature morte, l'artiste peintre se sert souvent de couleurs unies qu'il suffit de superposer au pinceau pour obtenir le rendu d'un dégradé ; il peut donc procéder par étapes comme pour l'aquarelle ou la peinture à l'huile. Dans la pratique, un paysage peint à la gouache ne diffère pas beaucoup d'un paysage peint à l'aquarelle ou à l'huile.

Le style artistique.

On peut trouver, même dans le domaine publicitaire, des sujets — tels l'illustration de couvertures de livres — qui peuvent être réalisés avec la fluidité et la spontanéité du style artistique. Mais dans d'autres cas, lorsque le sujet demande un fini minutieux, il faut recourir à la réalisation par parties que l'on doit terminer du premier coup, à part quelques retouches de dernière heure. Pour que l'artiste concilie en une formule la finition du dessin et l'évaluation des couleurs, il faut qu'il parte d'un dessin poussé où les couleurs ont leurs valeurs, et où les contrastes et le modelé aient été étudiés d'une façon définitive. Permettez-moi de mettre en exergue la règle suivante :

Le style commercial ou publicitaire.

La technique de la gouache exige presque toujours un dessin bien fini et une juste évaluation du modelé et des contrastes.

Ensuite cette étude poussée est un bien meilleur guide pour mettre en valeur le thème et son modèle.

Tout est là ; mais il n'est pas facile d'enseigner la gouache avec des discours, il faut mettre en pratique, faire ce qui a été dit pour avoir un apprentissage réel. Laissons donc les exercices suivants compléter et perfectionner ce que nous venons d'apprendre sur la technique et l'emploi de la gouache.

Premier exercice pratique de peinture à la gouache en noir et en blanc

PEINTURE EN NOIR ET BLANC DE LA TÊTE D'UN COW-BOY

MATÉRIEL: GOUACHE BLANCHE, AQUARELLE NOIRE; PAPIER CANSON OU SIMILAIRE; PINCEAUX N° 2, 6 ET 10; EAU; MORCEAU DE PAPIER POUR SERVIR DE PALETTE; UN CHIFFON POUR ESSUYER LES PINCEAUX; CRAYON ORDINAIRE N° 2; GOMME, RÈGLE ET ÉQUERRE.

Pourquoi cet exercice pratique a-t-il été conçu avec la seule utilisation de l'aquarelle noire et de la gouache blanche?

Les explications qui ont précédé vous auront fait prendre conscience des difficultés que présente l'utilisation de la gouache. Ce serait compliquer à plaisir l'apprentissage de cette technique que d'y ajouter dès maintenant l'emploi de la couleur. Par contre, essayer, se plier à des exercices en noir et blanc permet de concentrer son attention sur les problèmes posés par la réussite d'un dégradé ou l'obtention d'un passage harmonieux entre une surface humide et une surface sèche.

La raison pour laquelle nous avons choisi d'employer l'aquarelle noire au lieu de la gouache est la suivante: la gouache, mélangée à l'aquarelle, baisse d'un ton lors du séchage.

Malgré ces points de technique qui vous faciliteront la tâche, l'exercice que vous allez réaliser est difficile. Je vous conseille de commencer par une étude préalable, brève mais suffisamment élaborée, dont vous comprendrez l'utilité pour entreprendre et réaliser plus aisément l'exercice définitif.

Pour acquérir plus de pratique, réalisez d'abord les exercices préliminaires (voir pages suivantes): en A, B et C, un dégradé peint sur une surface humide: en D et E, un dégradé à sec; en F, F et H, un dégradé sur sphère; de I à M, divers dégradés sur forme cylindrique.

Utilisez pour cela une feuille de papier Canson (ou de texture similaire: papier à dessin épais, de qualité supérieure).

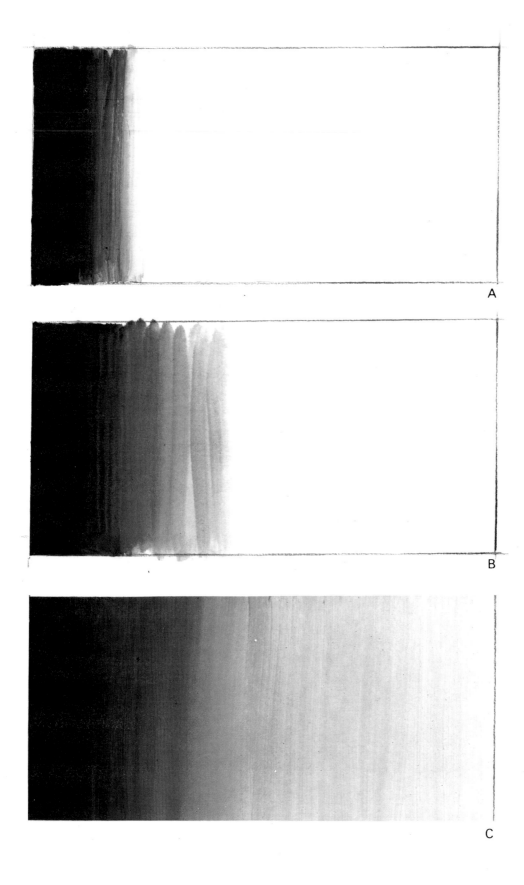

A

B

C

Exercices préliminaires

Préparez ce qu'il vous faut : une planche à dessin, appuyée ou posée sur la table avec une légère inclinaison à la manière d'un pupitre ; de l'eau en quantité suffisante, dans deux récipients distincts, l'un pour rincer, l'autre pour mouiller et ajouter de l'eau, la gouache salissant plus que l'aquarelle. Une feuille de papier à dessin épaisse et résistante qui vous servira de palette et pour mélanger les tons ; deux pinceaux et un chiffon pour essuyer et sécher.

Délimitation des surfaces. Dessinez avec un crayon nº 2, en vous aidant d'une règle et d'une équerre, les surfaces A, B, C, D et E. Tracez aussi la circonférence des figures F, G et H, ainsi que les cinq rectangles I à M. Respectez les dimensions des reproductions de ce livre.

Déposez trois fois plus de blanc que de noir. Enfin, déposez sur le papier qui sert de palette de la peinture de couleur noire et de la blanche ; il vous faudra mettre plus de blanc que de noir car on gâche beaucoup plus de blanc, trois à quatre fois plus en règle générale comme vous allez le voir. Il faut, pour obtenir un gris moyen, trois doses de blanc pour une de noir.

PEINTURE D'UN DÉGRADÉ HUMIDE (FIGURES A, B, C)

Pour commencer, trempez le pinceau nº 2 dans de l'eau propre et prenez de la couleur blanche. Vous trempez votre pinceau dans l'eau claire et, sans le mouiller davantage, vous diluez le blanc avec ce peu d'eau. Cela doit suffire pour obtenir une pâte consistante, mais assez fluide pour étendre la couleur facilement. Calculez que votre pâte doit être assez épaisse pour recouvrir entièrement les lignes au crayon qui dessinent les contours.

Passez du blanc sur les trois quarts de la surface à dégrader, comme cela a été fait sur la figure A.

Méthode à suivre pour peindre un dégradé humide. Lavez le pinceau, égouttez-le rapidement, amenez-le presque essuyé, avec très peu d'eau jusqu'au petit tas d'aquarelle noire, homogénéisez la peinture (elle doit former une pâte d'égale épaisseur) et peignez le côté gauche du panneau, jusqu'à la rencontre du blanc et du noir.

VITE ! Amenez le noir jusqu'au blanc, retournez de nouveau au noir (B).

Prenez à présent le pinceau nº 10. Mouillez-le avec le chiffon, aplatissez ses poils pour former le «peigne». Essayez alors d'unifier avec des coups de pinceau très doux, en «caressant» avec le bout dudit pinceau et en allant de gauche à droite, et de droite à gauche. Observez que le noir marque trop le blanc, aussi soyez prudent, n'arrivez pas jusqu'au noir absolu avec ces passages répétés. Si c'est nécessaire, mettez plus de blanc... ou de noir. Et ne vous inquiétez pas si vous dépassez, si vos coups de pinceau mordent sur les contours de la forme. Voyez comment nous allons arranger cela :

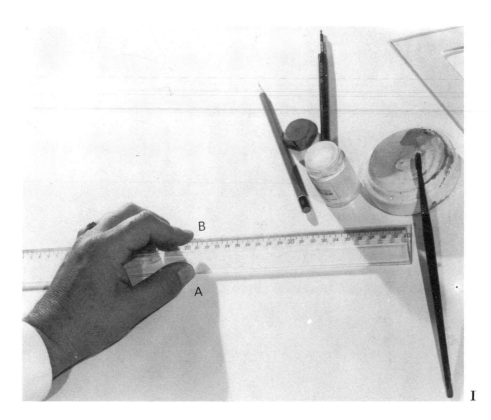

I

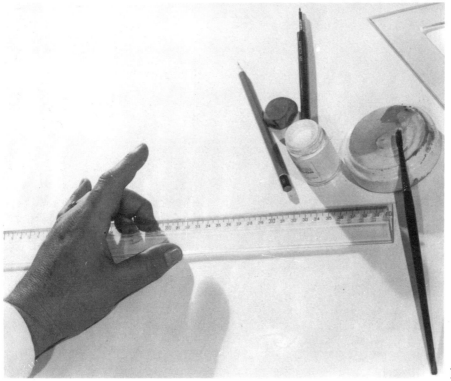

II

62

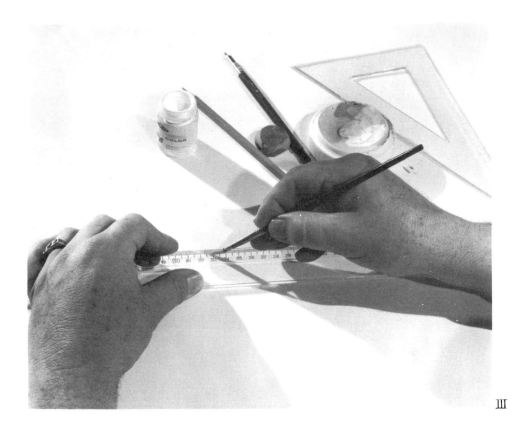

III

I. — Prenez la règle de la main gauche, dans la position que vous voyez sur la figure ci-contre. Regardez : le pouce soutient le côté A solidement appuyé à la surface, tandis que le majeur soulève le côté B par dessous, en prenant appui. En même temps, l'index pousse le côté B vers le bas, de façon que la règle demeure inclinée et fixe à l'aide de l'annulaire et du doigt qui collaborent à cette tâche en faisant levier pour pousser ou pour soulever.

II. — Cette position étant obtenue, prenez le pinceau enduit de gouache blanche en le tenant plus haut que la normale ; vous appuyez le bout de l'annulaire et du petit doigt sur le côté de la règle, et vous maintenez ces doigts bien rigides, pour que la pointe du pinceau soit toujours à la même hauteur.

III. — Il s'agit maintenant de déterminer l'angle selon lequel le bout du pinceau, légèrement plié, va toucher et peindre le papier ou la surface sur laquelle s'appuie la règle. A partir de ce moment, il suffira de déplacer la main de gauche à droite, le long de la règle, pour arriver à peindre des traits épais et droits.

Il faut apprendre cette façon de faire, car elle peut être appliquée à de nombreux cas, dans les techniques commerciale ou publicitaire.

PEINTURE D'UN DÉGRADÉ À SEC (FIGURES D, E)

Sur un rectangle de même dimension que celui de la figure D, peignez d'abord en gris moyen jusqu'à la moitié ou à peu près. Peignez l'autre moitié en noir. Attendez que ces deux couleurs soient sèches, puis essayez de les dégrader suivant les deux méthodes que nous avons étudiées précédemment : a) dans la partie inférieure, en humectant le gris et le noir, et en les mélangeant au pinceau comme si l'on travaillait sur de l'humide ; b) dans la partie supérieure, en dégradant à sec, en superposant des coups de pinceau très fins en noir, sur le gris, en peignant avec le pinceau en forme de «peigne».

Méthode á suivre pour peindre un dégradé à sec.

Une fois les deux dégradés obtenus, séparez-les avec une frange blanche tracée au pinceau, en mettant en pratique le système que nous venons d'étudier plus haut : soulever la règle et peindre avec le pinceau appuyé sur celle-ci.

PEINTURE DE DÉGRADÉS
SUR UNE FORME SPHÉRIQUE (FIGURES F, G, H)

Dessinez la sphère avec un crayon n° 2 d'une façon soignée, comme sur la figure F, c'est-à-dire en mettant au point définitivement le jeu des lumières et des ombres.

En travaillant le plus rapidement possible, peignez les trois quartiers ou bandes circulaires a, b, c qui correspondent à la «bosse» de l'ombre, à l'ombre intermédiaire et à celle où jouent les reflets de lumière. Ensuite, travaillez rapidement pour peindre tant que la gouache est encore humide. Peignez la partie éclairée en gris clair, en laissant de côté le reflet situé au milieu de la partie supérieure. Ce travail est à réaliser avec le pinceau n° 2.

Peinture des dégradés qui modèlent une sphère.

Prenez maintenant le pinceau n° 10, humectez-le, aplatissez et écartez l'extrémité des poils du pinceau pour fondre les tons qui modèlent la sphère jusqu'à l'obtention d'un dégradé circulaire parfait, comme sur la figure H.

Peignez ensuite avec du blanc le reflet de la partie supérieure. Si, comme on peut le supposer, le gris clair de la partie éclairée est déjà sec, faites ce reflet selon la technique du dégradé à sec, en peignant avec l'extrémité aplatie de votre pinceau, en prenant un peu de blanc légèrement plus liquide et en estompant par une série de traits minuscules.

Peignez l'ombre portée sur le sol avec un gris foncé un peu plus clair sur le côté droit (première étape) et terminez l'exercice en repassant avec du blanc les dépassements du contour de la sphère. Profitez de la retouche finale pour estomper les contours, donnant ainsi une impression d'espace. Pour mieux comprendre, regardez attentivement la figure H.

D

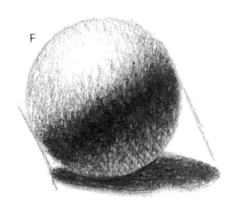

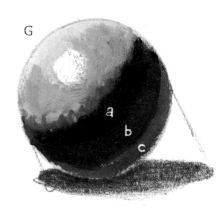

E

F

G

a
b
c

H

| I | J | K | L | M |

COMMENT PEINDRE UNE SUITE DE DÉGRADÉS
SUR UNE FORME CYLINDRIQUE (FIGURES I à M)

Peignez avec le pinceau n° 2 deux bandes verticales d'un gris moyen.

Entre ces deux bandes peignez-en une autre avec le blanc.

Dégradez la bande blanche en la fondant avec les bandes grises, toujours avec le pinceau n° 2.

Sur le côté droit tracez une bande noire que vous dégraderez avec les gris précédents.

Enfin faites une dernière bande gris clair correspondant au reflet de la lumière sur le cylindre.

En appliquant à présent le système de peinture des bandes de gouache avec la règle inclinée, passez le pinceau n° 2 ou n° 4 de façon répétée pour dégrader le gris du reflet de la lumière réfléchie, pour égaliser la largeur et le mélange des autres dégradés, repeignez; retouchez enfin. Ce travail de finition peut vous prendre un certain temps et vous obliger à ajouter du blanc, du gris ou du noir, là où ce sera nécessaire.

Ne vous préoccupez surtout pas des bavures dans votre travail; si vous avez trop débordé lors de l'étape finale, vous pouvez parfaitement redéfinir les limites du dessin avec de la gouache blanche, comme je l'ai fait d'ailleurs.

Ceci fait, donnez une forme et peignez l'ovale de la partie supérieure du cylindre. Naturellement, on peint cette dernière partie par-dessus la première couche, sans gêne et sans difficulté. C'est un des grands avantages de la gouache : sa qualité couvrante permet de peindre et de repeindre sur une couche antérieure.

Méthode à suivre pour peindre des dégradés, tout en modelant une forme cylindrique

Un exercice complet

Cet exercice consiste à peindre en blanc et noir, avec de la gouache blanche et de l'aquarelle noire, le buste du cow-boy reproduit sur la photo page 86.

Pour que vous tiriez un meilleur profit de cet exercice, je vous conseille de faire des croquis, des ébauches de ce buste comme le ferait d'ailleurs tout artiste professionnel chargé de réaliser une couverture ou une illustration d'après une image de ce genre.

Peignez d'abord une ébauche ou esquisse.

Personnellement j'ai commencé par exécuter un projet, une maquette qui m'a permis d'arriver à réaliser l'illustration définitive avec un meilleur résultat.

Mesure: 11 cm du haut du chapeau au menton.

Travaillez à une échelle approchant celle de la figure de la page suivante: peignez une tête de 11 cm de hauteur, du haut du chapeau

PREMIÈRE ÉTAPE : CONSTRUCTION ET INDICATION DES VALEURS A LA MINE DE PLOMB

Dessinez au crayon ordinaire n° 2 de façon à faire coïncider le modèle avec les mesures indiquées au paragraphe ci-dessus.

IMPORTANT : Vous êtes en train de réaliser un document qui pourrait aussi bien être destiné à illustrer la couverture d'un roman qu'un récit dans une revue. Sachez que, dans des cas comme celui-ci, le professionnel se rapporte à des modèles photographiés, venant pour la plupart de reportages filmés ou de photos faites pour la publicité de films. Ce qu'a coutume de faire alors le professionnel est de peindre, non un portrait, mais une tête anonyme, c'est-à-dire qu'il prend ses distances avec le modèle sans chercher une ressemblance absolue. Rappelez-vous donc que

Vous ne peignez pas le portrait d'un artiste de cinéma déterminé, mais une tête de cow-boy indéterminé.

Pour cette illustration il n'est pas nécessaire de capter la ressemblance.

Essayez alors de reconstruire avec la plus grande fidélité tout ce qui a trait aux proportions, à la place des éléments constitutifs du visage. Faites un visage bien construit, non un portrait (1). De sorte que...
... il n'est pas du tout nécessaire de quadriller la photo afin de saisir la ressemblance. Au contraire faites le croquis à main levée pour obtenir n'importe quelle tête de cow-boy.

---

(1) Pour les proportions du visage se reporter, dans la même collection, à l'ouvrage "Comment dessiner une tête et faire un portrait".

ESQUISSE PREALABLE: J'ai moi-même fait cette ébauche grâce à laquelle vous pouvez mieux évaluer les difficultés des dégradés qui modèlent la tête; en même temps cela m'a permis d'étudier les différentes valeurs à donner aux tons. Vous pouvez remarquer que ceux-ci sont très définis, si vous vous reportez à la figure definitive F.

FIG. A

Sur la figure A, ci-dessus, vous voyez le premier stade, à une échelle légèrement réduite, de la mise en place. Pour ce premier essai, j'ai dessiné la limite supérieure de la tête, en imaginant, en prolongement, la ligne du crâne sous le chapeau (a et b). Vous verrez que la ligne des yeux, le bas du nez, et la bouche forment trois traits horizontaux légèrement incurvés par rapport à un axe vertical, ce qui vous aide à établir un équilibre dans les proportions et les dimensions de votre dessin. Faites de même pour un ajustement plus rapide et plus sûr.

FIG. B

Revenez sur votre mise en place du début, en ajoutant des détails et en essayant d'achever la construction linéaire de votre étude, tête et buste. Appuyez davantage comme si vous étiez arrivé au stade final de votre dessin (figure B).

FIG. C

Établissez les rapports des jeux d'ombre et de lumière avec des dégradés énergiques, ce qui vous aidera à aborder l'étape suivante en vous donnant un aperçu de l'étape finale (figure C).

DEUXIÈME ÉTAPE : DÉFINITION GÉNÉRALE DES TONS A LA GOUACHE

Commencez par l'aile noire du chapeau puis descendez avec le gris en modelant l'ombre de la joue, le menton, et une partie du cou. Observez que, pour le moment, les contours de cette ombre ont été dégradés à sec en appliquant le pinceau avec très peu de peinture, mais très épaisse et en caressant le papier (figure D).

Il est important qu'avec le gris de la joue vous arriviez jusqu'à la tempe, plus haut que le sourcil.

Maintenant, rapidement et sans attendre que le gris sèche, faites le dégradé de l'ombre de l'aile sur le front avec un gris foncé presque noir. Continuez plus bas : ajoutez le gris clair de la joue, dégradez, fondez. Essayez ensuite de modeler ces légères différences de ton données par les rides du front et des sourcils.

Ensuite passez à la réalisation de la partie sombre du nez ; travaillez avec un dégradé humide les parties intérieures et avec un dégradé sec, les contours. Avec votre pinceau à peine chargé et à sec, construisez les ombres sous le nez et les lèvres avec le même gris que celui employé pour les joues.

FIG. D

Passons à la figure suivante, E. Voici le travail à réaliser:

I. — Peindre le haut du chapeau avec un gris légèrement plus foncé que celui de la joue.

II. — Peindre avec ce gris l'ombre du foulard et ce que l'on découvre de la poitrine dans l'échancrure de la chemise.

III. — Peindre et modeler les parties éclairées du visage avec un gris très clair (J'INSISTE, UN GRIS TRÈS CLAIR!) en essayant de le fondre avec les limites des ombres de la joue, du menton et du nez... Remarquez qu'on laisse en réserve le blanc des yeux, le reflet sur le bout du nez et sur la lèvre inférieure.

IV.—Peindre et modeler les parties éclairées du cou en appliquant le procédé qui consiste à mouiller le gris le plus foncé. Observez que, à l'étape antérieure D, en peignant la partie sombre de la joue et du cou, j'ai laissé une fine ligne blanche correspondant au tracé de la mâchoire et de la jugulaire. Cela va nous permettre, plus tard de réaliser le passage entre la joue et le cou en humectant les parties déjà sèches, pour les dégrader ensuite avec les surfaces fraîchement peintes, donc humides.

FIG. E

TROISIÈME ÉTAPE : MISE EN PLACE FINALE
DES VALEURS ET FINITIONS

Nous allons reprendre point par point les étapes qui nous ont amenés à la réalisation de la figure F, page suivante :

Procédé détaillé de la phase finale (Figure F).

(L'ordre dans lequel sont données les explications est celui suivi pour la réalisation de la figure F).

I. — Les sourcils : ils sont peints et brossés avec le bout du pinceau à plat formant «peigne», en les dessinant en même temps (mais peindre suppose toujours dessiner), en les dégradant à leurs extrémités, en y mettant alors un gris légèrement plus clair...

II. — Espace entre les sourcils et le haut du nez : il est obtenu en humectant le dégradé précédent et en peignant avec un gris très clair, qu'on applique entre les sourcils en dégradant et en fondant la ride centrale et la pénombre des rides du front.

III. — Les yeux : les peindre et les dessiner avec grand soin en essayant de voir les divers tons du modèle et de les retrouver pour enrichir l'expression du regard. Ce n'est pas difficile de faire des yeux ! Tout ce qu'il faut, c'est travailler lentement avec la ferme volonté de bien faire ! Je les ai presque finis du premier coup, il y manquait seulement quelques retouches, par exemple la ride caractéristique de la paupière inférieure, en-dessous des yeux proprement dits, ride qu'il faut peindre avec le ton exact, ni trop clair, ni trop foncé, si l'on veut que ce soit vraiment une ride et non une tache.

IV. — Le nez : j'avoue que j'y suis revenu de nombreuses fois à cause du dessin de sa partie inférieure, surtout des ombres qui dessinent les ailes du nez et les narines. Comme toujours, il faut copier bêtement, sans rien ajouter de son propre chef, et reproduire exactement les formes et les ombres du modèle.

V. — La bouche : efforcez-vous surtout de peindre exactement le noir qui dessine la cavité buccale, ces sortes de petits traits verticaux à la commissure des lèvres, prolongés par ce trait fin qui sépare les deux rangées de dents. Si vous obtenez exactement cette forme, le reste vous sera relativement facile. Remarquez que je n'ai pas fait les dents, que je n'ai pas marqué de séparations entre elles, que j'ai laissé la rangée supérieure dans l'ombre. (Un gris très, très clair suffit pour cette ombre.) Faites la lèvre inférieure avec un peu de blanc dans cette partie qui brille, en le dégradant avec le gris clair du reste. Mouillez avec très peu d'eau la limite de la lèvre supérieure, et l'emplacement de la moustache, et appliquez un peu de blanc sur ce qui vient d'être mouillé; dégradez ensuite ce blanc pour faire le contour de la lèvre supérieure. Dégradez enfin l'ombre projetée par la lèvre inférieure sur le menton. Je l'ai dégradée à sec avec le pinceau formant peigne.

VI. — Le visage : ouvrons ici une parenthèse. Ce que j'avais fait auparavant pour résoudre le problème de la lumière et des ombres sur

FIG. F

la joue ainsi que pour l'éclairage du visage, ne me satisfaisait pas entièrement. Dans le projet initial aussi bien que lors de l'étape précédente, E, le contraste entre les deux tons était trop accusé et l'ombre sur la joue restait dure, ce qui ne correspondait pas à la douceur du modèle. Aussi décidai-je de baisser l'intensité de cette ombre; ce qui m'entraîna à reconstruire tout le modelé du visage, à reprendre les dégradés des joues, du menton et du nez. Le résultat n'en fut que meilleur, car grâce à l'humidité de l'ensemble du visage, je pus redessiner ses structures, mettre au point des détails comme la ride située de chaque côté du nez, la légère ombre sous les yeux et sur le méplat des joues; chemin faisant, avec le gris de la joue et le gris plus clair du visage, je réalisai le cou et son modelé.

VII. — Le cou: il faut plutôt le travailler humide, bien que quelques parties puissent être faites à sec. On peut dire la même chose de l'ombre projetée par le menton, et celle projetée par le foulard.

VIII. — Le chapeau: il doit donner la sensation d'avoir été peint avec aisance, sans façon, sans trop appuyer les contours. Observez, sur le bord de l'aile, un dégradé à sec, un léger estompage, qui donne une impression d'espace. N'oubliez pas ce détail. Le creux de la calotte a été fait en l'humectant toute entière. Le trait sombre, vertical, du côté droit, qui correspond à l'autre creux, a été fait d'un simple coup de pinceau à sec.

IX. — Poitrine ou échancrure: un simple dégradé humide de bas en haut, sans autres complications.

X. — Foulard et vêtements en général: il faut les travailler plus librement que le reste afin de laisser toute son importance au visage. Notez à ce propos l'effet suivant: on a peint d'abord, sur les vêtements, quelques touches sombres sur lesquelles on a appliqué un ton plus clair. Cela peut se voir dans les reflets presque blancs du foulard, sur les rayures du col de la chemise (sur les parties á l'ombre de ce col), sur les pointes du foulard qui retombent sur le revers de la chemise, sur le revers de la veste (côté gauche). Pourquoi cette manière de peindre? parce que l'œuvre a ainsi plus de qualité artistique, une plus grande richesse de ton, et une plus grande aisance.

Réalisation plus libre et spontanée pour les parties correspondant aux vêtements.

Enfin, il manque l'oreille, la limite des cheveux et des tempes, la patte, le reflet du nez. Mais tout cela n'a déjà plus d'importance. Mais si: cela en a beaucoup, si c'est, comme je le pense, votre premier exercice de peinture à la gouache.

Deuxième exercice pratique de peinture à la gouache en noir et en blanc

PEINTURE EN NOIR ET BLANC D'UNE ÉTUDE DE COUVERTURE POUR UN ROMAN. SUJET: COW-BOY TIRANT DES COUPS DE FEU

MATÉRIEL: LE MÊME QUE POUR L'EXERCICE PRÉCÉDENT, EN Y AJOUTANT UN CRAYON TENDRE (3B.)

«**P**our essayer de briser le cercle des Indiens Comanches, O'Donnell ordonna à ses hommes d'attaquer en direction de la plaine tandis qu'il essaierait de couvrir leur retraite en tenant en respect les Peaux-Rouges qui restaient.»

«Voici le sujet, vous dit l'éditeur. Je voudrais une couverture qui accroche, qui attire l'œil. Comme vous le savez, le roman s'intitule "O'Donnell, le téméraire". »

Vous regagnez alors votre atelier; vous cherchez de la documentation, vous trouvez une photo du film «Les Comanches» et vous commencez à en étudier les possibilités. Vous faites une étude initiale en noir et blanc à la gouache.

Voici l'exercice à réaliser, un exercice que nous espérons voir reproduit, un jour, sur une superbe couverture.

INSTRUCTIONS GÉNÉRALES:

Vous travaillez à partir de la reproduction photographique ci-contre (une scène du film «Les Comanches» de la 20th Century Fox) où le héros apparaît serrant un fusil entre ses mains. Le sujet de l'illustration sera donc la silhouette de ce cow-boy avec, en second plan, celle des autres cow-boys qui chevauchent et se battent.

PREMIÈRE ÉTAPE: CONSTRUCTION D'UNE GRILLE SUR UN PAPIER SÉPARÉ ET REPORT SUR LE PAPIER DÉFINITIF

Tout d'abord bâtissez une grille avec des carreaux de 1 cm de côté sur la photo même. Cette grille inclura la silhouette du premier plan ainsi que les cavaliers du fond. Faites ce quadrillage avec un crayon à la mine tendre 3B, bien taillé, ou avec de l'encre de Chine et un tire-ligne.

Quadrillez la photo avec des carreaux de 1 cm de côté.

Répétez ensuite cette grille mais avec des carreaux de 1,5 cm de côté et un crayon n° 2 sur une feuille de papier à dessin ordinaire, de préférence assez mince, vous avez alors un quadrillage agrandi de moitié.

Refaites le quadrillage sur du papier fin en agrandissant les carreaux.

J'insiste sur les dimensions de ces deux grilles, pour que cela soit bien clair:

— les carreaux de la grille sur la photo auront UN CENTIMÈTRE de côté;

— les carreaux du papier à dessin auront, eux, UN CENTIMÈTRE ET DEMI de côté. Ce qui fera passer la silhouette de la photo de 16 cm à 24 cm sur le dessin.

Observez, sur le dessin A, le résultat de cette première étape; vous vous apercevrez que l'image a été réalisée au moyen de lignes qui définissent également les passages de l'ombre à la lumière et laissent de côté ce qui se trouvait à gauche sur la photographie.

Voyez la figure A.

Prenez ensuite un crayon tendre, 2B par exemple, et passez-le sur le dos du papier mince afin d'utiliser ensuite celui-ci comme un papier carbone; vous pourrez alors, avec ce carbone, «reporter» le dessin sur le papier définitif. Ce que vous ferez en le décalquant sur une feuille de papier Canson de qualité supérieure, mais sans reproduire la grille.

Crayonnez le dos du calque.

Reproduisez l'image sans quadrillage.

DEUXIÈME ÉTAPE: CONSTRUCTION DÉFINITIVE, INTERPRÉTATION ET MISE AU POINT A L'AIDE DU CRAYON 2B

Vous pouvez voir sur la figure de la page suivante (B) où nous en sommes de notre travail à la fin de la deuxième étape. Voici comment j'ai procédé:

1. — J'ai reconstruit l'image à partir du calque précédent, avec un crayon 2B toujours bien taillé.

2. — J'ai accentué les possibilités d'expression, l'éclairage, par une interprétation, une légère modification de construction et une mise au point définitive.

FIG. A

Arrêtons-nous un instant et essayons d'analyser les formes, les lumières et les ombres touchées par cette interprétation. (Reportez-vous à la figure B et à la photographie servant de modèle).

Comme vous le savez déjà, la photographie réelle du corps humain donne une silhouette ramassée et par conséquent plus épaisse. Pour corriger ce défaut, l'illustrateur doit styliser la silhouette en affinant et en étirant les formes. Voici donc ce que j'ai fait (voir figures A et B) :

a) j'ai légèrement réduit la grosseur de la tête par rapport au corps ;

b) j'ai aminci le corps et les jambes ;

c) j'ai légèrement allongé toute la silhouette (de 4 mm au total si l'on se réfère au pied avant et de 6 mm si l'on se réfère au pied arrière, le pied droit sur la photo).

Réduire légèrement la tête, affiner le corps, allonger la silhouette.

Parmi les modifications de forme, le canon du fusil a été prolongé et légèrement incliné pour diminuer l'effet de raccourci et lui donner plus d'importance. J'ai également prolongé l'ombre portée sur le sol afin de la rendre plus conforme à la position des jambes. Quant aux effets d'ombre et de lumière, vous constaterez que les reflets de la lumière sur le visage sont plus clairs, ce qui renforce l'expression et donne plus de volume aux traits. J'ai donné plus d'intensité aux tons du col de la chemise et aux parties avoisinantes afin de faire ressortir la tonalité et le dessin du visage. J'ai revu la sélection des tons entre le bas du gilet et l'ombre du pantalon, sous le bras gauche du modèle, en dégradant progressivement jusqu'au soulier, presque noir, de la jambe qui s'avance. J'ai obscurci les tons afin de mettre l'accent sur la hauteur de la silhouette, lui donner plus d'importance et de force.

Interprétation de quelques changements.

Enfin, permettez-moi de vous indiquer, comme vous pouvez le remarquer sur la figure B, qu'il s'agit ici de dessiner, puis de renforcer le dessin, si cela est nécessaire, à l'aide de toute la gamme de nuances que permet le crayon 2B, sans craindre de noircir.

Donner plus de poids à votre dessin.

TROISIÈME ÉTAPE : COUCHE GÉNÉRALE A LA GOUACHE

Conseil préalable : On a souvent tendance à réaliser cet exercice en employant uniquement de l'eau et de l'aquarelle noire, ce qui donne un aspect transparent faisant davantage penser à de l'aquarelle qu'à de la gouache. Cela ne va pas. Il faut vraiment utiliser la gouache, obtenir des gris grâce au mélange d'aquarelle noire et de gouache blanche, en cherchant à avoir des tons épais et couvrants. C'est la seule façon d'apprendre véritablement cette technique très utile, si l'on considère que, par de nombreux aspects, comme nous l'avons déjà dit, la peinture à la gouache ressemble beaucoup à la peinture à l'huile. Risque-t-on de ne plus s'y reconnaître une fois que la couche de gouache recouvre tous les traits ? C'est un problème auquel il faut trouver une solution et qui est à la fois plus important et plus facile à corriger quand on travaille à l'huile.

Ne pas peindre avec une gouache trop liquide qui ressemblerait à de l'aquarelle.

Commencez votre illustration en utilisant un gris très clair que vous passerez sur le fond. Utilisez un pinceau n° 10 en poils de martre et essayez d'obtenir un mélange plus liquide que d'habitude, mais néanmoins couvrant.

Commencez par le gris clair du fond.

FIG. B

Peignez ce fond en débordant sur la silhouette comme si elle n'existait pas.

Il s'agit de remplir et de couvrir partiellement tout ce qui a été dessiné : les cavaliers du fond, les cheveux et le visage de la silhouette au premier plan, la chemise, les bras, les mains, etc. ; toutes les parties devant être traitées par la suite avec des blancs brillants et des gris plus foncés (figure C). Travaillez donc sans craindre de déborder ; ayez pour seul souci de garder les traces des formes dessinées au crayon.

Enfin si vous estimez qu'à certains endroits importants, le gris est trop opaque, séchez le pinceau avec un chiffon et épongez une partie de la peinture afin d'obtenir plus de transparence.

Observez (figure C) que la couleur du fond s'arrête et ne couvre pas l'angle inférieur gauche. Remarquez un détail important :

Interrompez le gris quand vous en êtes à l'angle inférieur gauche.

Pour le fond, il faut passer le pinceau dans le sens de la hauteur.

Mis à part le fait que l'on pourra mettre le titre dans cet angle, on a interrompu la peinture du fond, par souci de variété.

Peindre à coups de pinceau verticaux obéit au désir d'obtenir une facture plus artistique, plus spontanée et moins «léchée».

Une fois que la couleur du fond sera sèche vous aurez l'impression de peindre sur un papier de couleur gris clair ; cela vous permettra, par la suite, d'obtenir plus d'effets tout en vous donnant l'avantage de disposer d'un ton de base sur pratiquement toute la surface du dessin, et d'une couleur intermédiaire pour les ombres claires et les reflets.

On a l'impression de peindre sur du papier gris.

Commencez à passer du blanc, en utilisant une gouache très épaisse, telle qu'elle sort du tube, afin de recouvrir totalement le gris du fond. Faites le blanc de la chemise et les reflets les plus importants du visage. Quel est le résultat ? Fantastique, n'est-ce pas ?

Passez du blanc sur certains endroits avec de la peinture épaisse.

Attaquez-vous maintenant au gris du gilet et aux ombres foncées du pantalon. Remarquez que j'ai employé le noir au-delà de la limite de l'ombre (je veux parler de l'ombre de la jambe droite du pantalon du modèle).

Le fait d'avoir débordé me permettra d'obtenir par la suite le gris clair de cette jambe qui correspond à la partie éclairée *sur le noir*, en le recouvrant et en peignant en négatif, ce qui donnera une facture plus spontanée et plus artistique. L'effet est le même que lorsque vous avez peint les blancs sur fond gris pour la chemise et les reflets du visage.

Peignez autant que possible du clair sur du foncé.

D'après le modèle, vous pouvez constater que derrière la tête du cow-boy, et au même niveau, il y a une zone, sorte de bande blanche, produite par la poussière soulevée par les chevaux du fond. Ces nuages de poussière se prêtent à «effets» (grâce au fond gris, une fois de plus). Mettez de la gouache blanche, la plus épaisse possible, sur votre pinceau. Appliquez cette pâte sur ladite zone, et estompez-la avec le bout de l'index ou du majeur, comme vous le feriez pour un dessin au crayon ordinaire. Très amusant et très efficace, n'est-ce pas ?

Nuages de poussière peints avec les doigts.

FIG.C

QUATRIÈME ÉTAPE: DERNIÈRES INDICATIONS DE VALEUR ET FINITION

La figure D parle d'elle-même; elle vous permettra d'atteindre dans les meilleures conditions le résultat final. Permettez-moi cependant d'en souligner les principaux aspects:

> = *Vous devez presque toujours utiliser de la gouache très épaisse, pratiquement sans eau, comme de la peinture à l'huile.*

> = *On doit tenter de rendre le volume, grâce à des couleurs ou à des tons unis. Les quelques dégradés existants ont été obtenus, dans la majorité des cas, à sec, par frottement avec un pinceau enduit de couleur très épaisse.*

> = *Ces deux facteurs permettent une réalisation artistique d'ensemble obtenue à sec, sans ordre préétabli.*

Essayez enfin de peindre avec aisance et désinvolture, sans trop vous soucier des détails. N'insistez pas sur les mêmes endroits jusqu'à ce qu'ils soient finis. Allez, au contraire, de-ci, de-là, peignez un peu partout, en résolvant progressivement les difficultés qui se présentent. Travaillez le plus possible en «négatif», c'est-à-dire en recouvrant de tons clairs ou de blanc les tons foncés. Ici, par exemple, j'ai passé le blanc qui entoure la tête, une fois les cheveux terminés, pour leur donner une forme définitive.

Peignez avec aisance, avec désinvolture et en «artiste».

(C'est un exercice difficile mais recommandé pour apprendre à dessiner et à peindre.)

FIG. D

Exercice pratique de peinture à la gouache et à l'aquarelle de couleur

SUJET: ILLUSTRATION DE LA COUVERTURE D'UN ROMAN DU FAR-WEST

MATÉRIEL: GOUACHE; AQUARELLE; PINCEAUX N° 2, 6 ET 10; UNE FEUILLE DE PAPIER CANSON; UN MORCEAU DE CHIFFON POUR NETTOYER LES PINCEAUX; DES GODETS POUR LES MÉLANGES; UN CRAYON ORDINAIRE N° 2; UNE GOMME.

Vous avez présenté la maquette précédente en noir et blanc et l'éditeur vous a dit:

«C'est d'accord, continuez. Mais prévoyez aussi la composition, la place des lettres, leur taille et le caractère du titre.»

Puis, en vous tendant un papier, il a ajouté:

«Voici le titre, le nom de l'auteur et le sigle de a collection. Il faut les faire figurer tous les trois. Le nom de l'auteur doit être plutôt petit et la hauteur du sigle ne doit pas dépasser 2 cm. Enfin souvenez-vous que le format de la collection est de 10,5 cm × 16 cm.»

Vous savez maintenant ce que vous avez à faire: réaliser une maquette de couverture, du début jusqu'à la fin, en y mettant même le titre, comme si vous aviez à honorer la commande d'un éditeur.

Titre de l'ouvrage:

O'DONNELL LE TÉMÉRAIRE

Auteur: HARRY ROCKEY   Sigle

Collection: COW-BOY

COWBOY

La technique à employer ici sera essentiellement celle de l'aquarelle mélangée à de la gouache, surtout blanche; mais on aura également recours à la gouache pour traiter les surfaces larges et précises, ou celles auxquelles on veut donner une facture spontanée ou énergique.

PREMIÈRE ÉTAPE: ÉTUDE DE COMPOSITION DE LA COUVERTURE SUR UN PAPIER A PART

Pour étudier la composition d'une couverture, vous devez, en premier lieu, réaliser plusieurs esquisses préalables à échelle réduite qui vous permettront d'aller plus vite et d'avoir une meilleure vision de l'ensemble. Vous commencerez donc par faire sur un papier plusieurs rectangles de 5,25 m × 8 cm, c'est à dire la moitié du format définitif.

Mesures préalables pour les premières études: 5,25 x 8 cm.

Commencez maintenant votre étude à cette échelle, en dessinant la composition de la couverture simplement esquissée, sans entrer dans les détails, mais en respectant les proportions et la valeur de chaque élément.

Faites les esquisses avec un crayon 2B.

En ce qui concerne la composition, interrogez-vous: quelle peut être la taille de «O'Donnell» par rapport à l'espace disponible? Est-ce une bonne idée de mettre la silhouette entière? Qu'arriverait-il si on la coupait au-dessus du genou, pour agrandir la dimension du corps? ou bien, quel résultat pourrait donner une silhouette proportionnellement plus petite, en laissant plus d'espace autour d'elle? (car, bien entendu, l'étude réalisée pour l'exercice précédent analysait les possibilités de la photo qui avait servi de modèle mais ne pouvait prétendre résoudre les problèmes de composition de notre couverture).

Aspects à ne pas négliger pour la composition.

Étant donné le résultat, je crois qu'il faut retenir une silhouette entière proportionnée avec le format rectangulaire de la couverture. Qu'est-ce que cela donnerait si on plaçait le groupe des cavaliers un peu plus bas?

Ces questions sont étroitement liées à l'emplacement du titre «O'Donnell le téméraire». Il est donc nécessaire d'envisager à la fois l'illustration et la place du titre. A quel endroit le titre sera-t-il le mieux placé? De quel côté? A quelle hauteur et quelle sera sa taille?

Le titre.

Il faut donc trouver le type de lettres approprié. Vous pouvez vous reporter aux pages suivantes, où vous trouverez quatre modèles de caractères; choisissez celui qui, à votre avis, est le plus indiqué en faisant attention à ce que les caractères d'imprimerie conservent une certaine affinité avec le style et le contenu de l'illustration.

Il faut également savoir s'il est préférable de réaliser le titre en majuscules, en minuscules; sur une seule ligne, deux ou plus, tout en tenant compte de nombreuses possibilités.

Majuscules? minuscules? une ligne? deux lignes?

O'DONNELL LE TÉMÉRAIRE

o'donnell, le téméraire

O'Donnell
le Téméraire

O'Donnell
le
téméraire

O'Donnell le témé- raire	O'Donnell le témé- raire

Voici plusieurs exemples de composition d'un titre pour une couverture de roman, sur une ligne, sur deux ou sur trois, avec des majuscules, des minuscules, aligné à droite ou à gauche, etc.

Vous examinerez, dans les pages suivantes, les variantes offertes par les différents types de lettres, pour la composition d'un titre.

ABCDEFGHIJKLMNO
PQRSTUVWXYZ
1234567890
abcdefghijklmnopqr
stuvwxyz

ABCDEFGHIJKLM
NOPQRSTUVWXYZ
abcdefghijklm
nopqrstuvwxyz

ABCDEFGHIJKLM
NOPQRSTUVWXYZ
abcdefghijklmno
pqrstuvwxyz

ABCDEFGHIJKLM
NOPQRSTUVWXYZ
abcdefghijklmnopqr
sutvwxyz

NORMANDIE

ABCDEFGHIJKLM
NOPQRSTUVWXYZ

abcdefghijklm
nopqrstuvwxyz

CHAILLOT

ABCDEFGHIJKLM
NOPQRSTUVWXYZ

Le plus courant dans ce cas, c'est de chercher trois ou quatre solutions pour en retenir deux qui vous paraissent satisfaisantes.

Les trois figures ci-dessous offrent trois solutions possibles pour la composition de la couverture. Sur la première, le cow-boy est un peu décalé sur la droite, afin que le titre, placé à gauche, dispose de plus de place. Sur la deuxième, la silhouette est au milieu et le titre en pied ; les lettres sont en «négatif» (blanches sur fond de couleur) sur les jambes du cow-boy ; cela exige un fond assez coloré pour créer le contraste nécessaire afin que les lettres se détachent et soient bien lisibles. Sur la troisième, le cow-boy est coupé au genou, comme si on le voyait de plus près ; le titre est également en pied, superposé à la silhouette et au fond. Les lettres sont aussi en «négatif». Dans les trois cas, le titre a été composé sur deux lignes, «O'Donnell» se détachant sur la première et «le téméraire» sur la seconde, en lettres plus petites. Comme vous pouvez le constater, les caractères sont d'une taille assez importante et forment une masse compacte, unie. Ils sont différents pour chaque couverture, afin que vous puissiez mieux voir les possibilités qu'ils offrent, tant en matière d'impression que de lisibilité.

Choisissez maintenant parmi les maquettes que vous avez réalisées et les solutions présentées sur cette page. Pensez à l'éventualité d'une quatrième possibilité, car tout est faisable en matière de composition.

Choisissez la composition la plus appropriée.

  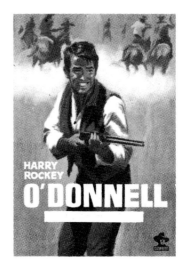

TECHNIQUE ET APPLICATION DE L'AQUARELLE MÉLANGÉE A DE LA GOUACHE BLANCHE

Le mélange de l'aquarelle avec la gouache donne une couleur opaque, couvrante, qui permet de peindre avec succès sur une autre couleur plus foncée.

Expérience d'un mélange de gouache blanche et d'aquarelle.

I. — Commencez par mettre sur votre pinceau N° 10 de l'aquarelle d'une couleur assez intense, du carmin par exemple. Allongez-la à même la palette avec très peu d'eau, de façon à obtenir une pâte épaisse, couvrante. Peignez alors une tache unie sur un papier offset, ou Canson, ou de texture approchante.

II. — Lavez bien le pinceau à grande eau. Essuyez-le et après l'avoir légèrement humecté d'eau, trempez-le dans la gouache blanche afin d'obtenir une pâte épaisse.

III. — Supposons que la tache de carmin ne soit pas encore sèche. Eh bien, mélangez la gouache blanche avec le carmin et faites un dégradé : du carmin foncé au blanc, en passant par le rouge magenta, le rose, etc.

IV. — Attendez que ce dégradé soit tout à fait sec. Pendant ce temps, lavez à nouveau le pinceau, prenez un peu d'aquarelle ocre, mélangez-la avec de la gouache blanche pour obtenir une teinte crème, etc.

V. — Quand le carmin est sec, appliquez dessus ce mélange couleur crème. Essayez ensuite avec un vert moyen composé d'aquarelle verte et de gouache blanche...

Cela réussit bien, n'est-ce pas?

Pourquoi les professionnels mélangent-ils la gouache et l'aquarelle?

Ces qualités propres à l'aquarelle, la brillance et l'éclat des coloris, le fait de pouvoir, pour des cas précis, utiliser la transparence de l'aquarelle pour mener à bien la réalisation de certaines parties difficiles de l'image, font que les professionnels préfèrent le mélange des deux procédés pour faire leurs illustrations.

Au cours de cet exercice, la technique générale à employer est celle de la gouache : on utilisera donc l'aquarelle épaisse ou bien un mélange épais d'aquarelle et de gouache, en faisant appel pour des surfaces définies à la technique de l'aquarelle pure qui, du fait de sa transparence, fait intervenir le dessin du papier.

Gouacher les grandes surfaces.

Quand faut-il utiliser une technique plutôt qu'une autre? On retiendra surtout la gouache pour les grandes surfaces, qui nécessitent aisance et spontanéité : les fonds et les vêtements par exemple.

Aquarelle pour les petites surfaces très structurées.

L'aquarelle, quant à elle, est plus appropriée pour les surfaces réduites dont la construction exige un plus grand soin : visage, mains, par exemple... Ce qui n'empêche pas, pour les surfaces à l'aquarelle — visage et mains — de retoucher à la gouache épaisse, couvrante, pour renforcer certaines parties claires et certains reflets particuliers aux ombres... On obtient ainsi un style plus vigoureux et plus en accord avec le reste de l'œuvre.

Techniques et ordre des opérations pour
peindre la couverture de «O'Donnell»

FOND : d'abord une couche pas très épaisse, à demi-couvrante mais de couleur assez intense. On peut appliquer cette couche sur toute la silhouette, à l'exception du visage et des mains. Quand le travail sera bien avancé ou presque terminé, vous repasserez avec de la peinture plus épaisse pour donner une facture plus énergique.

Peignez tout d'abord le visage à l'aquarelle seule, sans gouache blanche, pour obtenir des blancs par transparence. Quand vous aurez trouvé un bon coloris et un jeu parfait d'ombres et de lumières, essayez de faire mieux, de créer des contrastes, en accentuant la force au moyen de quelques retouches à l'aquarelle mélangée à de la gouache blanche. Cela peut être très efficace, par exemple, pour les reflets des joues, du nez et du côté clair du visage.

Visage à l'aquarelle avec quelques touches de gouache.

CHEVEUX : peignez-les à la gouache.

VÊTEMENTS : vous pouvez en général les peindre à la gouache, avec une couche épaisse. Je vous conseille, cependant, de commencer par une couche assez mince, afin d'avoir la possibilité d'ajouter, par la suite, une peinture plus épaisse.

Cheveux: gouache. Vêtements: gouache.

Peignez les mains à l'aquarelle d'abord et faites les retouches à la gouache.

Mains: aquarelle.

Faites les cavaliers du fond d'abord à l'aquarelle, puis à la gouache. Et les coloris ? Qu'en est-il des couleurs ?

Cavaliers: aquarelle, puis gouache.

«VOICI LES COULEURS»

Nous aurions pu vous donner ici une série de reproductions en couleurs de la couverture de «O'Donnell», et vous inviter à suivre le déroulement prévu en utilisant les mêmes couleurs. Mais nous avons jugé préférable de vous laisser choisir, composer et appliquer les couleurs vous-même, en les créant comme l'aurait fait un professionnel dans le même cas.

Nous vous présentons donc maintenant trois exemples de couvertures. Étudiez-en soigneusement la couleur et le style. Prenez-les comme modèles, en vous arrêtant tout particulièrement sur les deux premières intitulées «Comme la dynamite» et «Terre indienne», dont l'harmonie et le coloris seraient tout à fait indiquées pour votre couverture.

Couvertures déjà publiées (à titre de référence pour les couleurs).

Grâce à ces exemples, vous n'aurez pas de difficultés pour bien réaliser cet exercice.

TITRES

Les professionnels n'ont pas l'habitude de composer les titres d'une couverture à même la peinture originale, mais sur un papier à part ou sur des bandes de papier blanc, dont le revers est plié et collé au dos de l'original ; ils déterminent l'endroit exact où il devra être imprimé. C'est ensuite l'affaire du photograveur de réaliser les clichés du titre et du dessin original.

WESTEN

SALOON

LEWIS B.
PATTEN

WIE DAS DYNAMIT

WESTEN

INDIANERLAND

D. M. JOHNSON

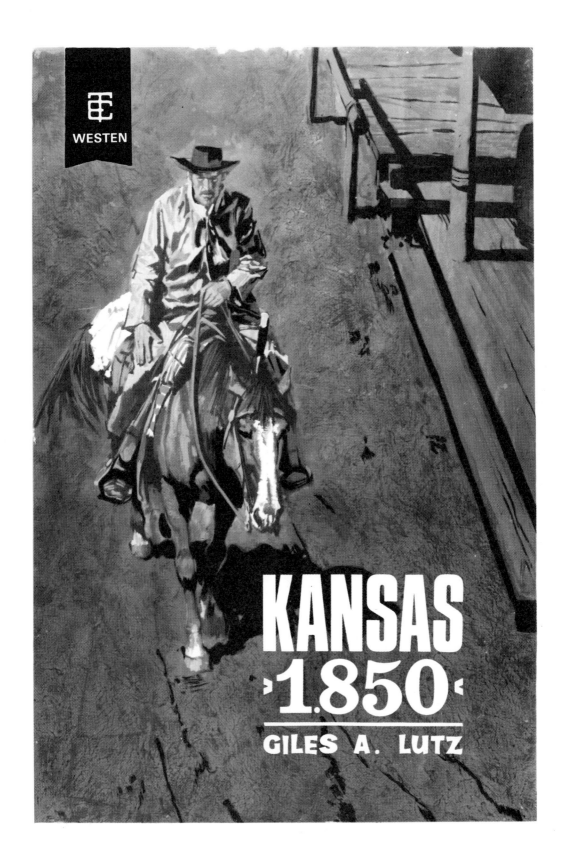

KANSAS ·1.850·

GILES A. LUTZ

LE COLLAGE ET LES PAPIERS COLLÉS

Caractéristiques des papiers collés et du collage

Picasso fut l'un des pionniers de la technique du *collage*. Il l'inaugura en 1912 avec une nature morte intitulée «Nature morte à la chaise cannée». Braque fut l'initiateur des papiers collés avec un dessin, «Compotier et verre». Déjà en 1911, dans le tableau «le Portugais», il avait préparé le chemin par l'introduction d'une inscription en lettres d'imprimerie, dans la composition. On trouvera l'historique de cette technique dans le livre de John Golding, «le Cubisme».

La technique des papiers collés introduit des coupures de journaux, des morceaux de partition musicale, des titres, des timbres, des papiers peints, etc. sur des toiles peintes à l'huile ou à la gouache. Dans ce procédé, il y a donc au départ un sujet peint à l'huile, de style cubiste. Par exemple, on incorporait à une nature morte un ou plusieurs des éléments précités.

Le collage consiste, lui, à coller des bouts de papier, des coupures de journaux, des illustrations coloriées, des photographies, mais aussi des éléments divers, tels du sable, de la ficelle, des pièces mécaniques, etc. non pas sur une peinture à l'huile, mais sur un fond de couleur uni où, à partir de ces éléments, se constitue peu à peu une image.

Papiers collés et collage diffèrent donc dans le fait que, dans l'un des cas, des éléments collés interviennent avec leur valeur propre et qu'existe une certaine recherche esthétique dans l'incorporation de ces éléments à la composition dont ils forment une partie intégrante ; dans l'autre cas, le collage, les éléments sont collés d'une façon arbitraire, avec un apparent désordre et sans aucune recherche de composition. Ils obéissent, comme le dirent les dadaïstes, à une impulsion cachée, neuve, du subconscient. Les surréalistes découvrirent la force du collage, et on peut dire que la période cubiste est reliée, par ce procédé, aux «ready-made» de Duchamp ou aux «objets trouvés» de Dada. Les mêmes artistes dadaïstes soutenaient enfin que «la force spécifique du collage, en tant que forme d'expression, provient des effets nouveaux, étranges, inattendus, produits par la juxtaposition d'images qui n'ont aucune relation logique entre elles, qui agissent sur le psychique et provoquent des associations d'idées semblables à celles des songes et des délires».

Des surréalistes comme Max Ernst, André Masson, Joan Miró commencèrent à faire des collages en 1920 et tentèrent de les définir, d'abord comme une formule pour créer avec plus de liberté, sans assujettir l'artiste aux exigences de la technique, puis comme un moyen à la portée de ceux qui ne possèdent pas de connaissances artistiques suffisantes pour matérialiser en un tableau leurs fantaisies et leurs visions.

Comme vous pouvez le constater, ces deux définitions ne manquent pas d'une certaine logique. D'une part, la liberté de création peut être amoindrie à certains moments par les exigences du milieu, de la technique ou des moyens à employer ; d'autre part, il peut arriver qu'une personne ait une certaine sensibilité artistique mais ne puisse l'exprimer parce qu'elle ne connaît pas suffisamment les méthodes et les techniques pour le faire. Il est alors possible que cette personne s'exprime artistiquement au moyen du collage, c'est-à-dire en créant des images, sans qu'aucune connaissance artistique préalable soit indispensable.

Les techniques et les styles des «*papiers collés*» et du *collage* ont influencé et influencent encore de nombreuses formes artistiques : les arts appliqués tels que la photographie avec des juxtapositions et des montages réalisés en chambre noire ou par collage direct ; la publicité, avec le découpage et le collage de papiers, cartons et autres matériaux sur un fond, ou sur des images ; et même, parmi les courants purement artistiques actuellement à la mode, le *pop'art* (abréviation anglo-saxonne d'«art populaire») qui est en fait une seconde édition revue et augmentée des *collages* de 1920.

Picasso fut l'un premiers à utiliser et à diffuser les papiers collés dans ses œuvres, et en particulier dans le tableau *Verre, guitare et bouteille* peint en 1913 où l'on voit des titres et des coupures de journaux. Cinquante-quatre ans plus tard, le *collage* continue d'être une formule adéquate pour représenter les images dans une œuvre d'art comme nous pouvons le voir dans l'œuvre de Pedragosa, *Amérique, Amérique* (1967) où apparaît, selon les propres termes de l'auteur : «Une représentation imaginaire des éléments traditionnels exprimée dans une dynamique de la coutume, conséquence du pouvoir du dollar».

Technique
et application

Comme cela peut se déduire des pages précédentes, il n'y a pas à proprement parler de technique du *collage*. Il n'existe pas, dans ce procédé, une manière de dessiner ou de peindre qui puisse se comparer ou se distinguer des techniques du pastel, de l'aquarelle, de l'huile, etc.

Le collage n'a pas de technique propre.

Le collage n'a pas de technique propre. Il requiert un mode d'emploi, c'est-à-dire une connaissance pratique des matériaux qui interviennent et des possibilités qu'ils offrent. Voici une étude de ces matériaux et de leurs possibilités.

MATÉRIAUX COMMUNÉMENT EMPLOYÉS DANS LE COLLAGE

Supports utilisés dans le papier collé et dans le collage.

SUPPORTS : Des supports rigides et solides sont en général nécessaires pour faciliter le collage des éléments qui constituent l'œuvre. Comme nous le verrons par la suite, ces éléments peuvent être fins, épais, légers ou lourds. Il est donc conseillé d'utiliser un support de carton ou de bois, préparé avec une couche de peinture à la gouache ou recouvert d'un papier à dessin type Canson, blanc ou de couleur. Pour la réalisation de collages de petites dimensions, il est préférable d'employer un bristol épais.

Colles.

COLLES : Vous pouvez utiliser une colle ordinaire, soit blanche, soit de caoutchouc liquide, de la gomme arabique, de la colle en tube, etc., pour les matériaux légers tels que les coupures de journaux, les morceaux de tissus fins, les photos, etc. ; mais vous devez employer une colle plus épaisse et plus forte comme la colle de menuisier, la colle d'amidon, la colle plastique, etc., pour coller et fixer des matériaux gros et lourds comme le bristol, le carton, et des éléments comme le sable, la sciure, les morceaux de tissu épais, les boutons, les petites pièces métalliques, etc.

Papiers et bristols.

PAPIERS : Je fais allusion aux papiers et aux cartons légers de couleur, parmi lesquels il faut établir des distinctions : le papier de soie, le papier cellulose et le papier cellophane, les plus fins ; puis les papiers couchés, les satinés, les vergés, les papiers d'emballage ; enfin les papiers les plus forts, les cartons satinés, à relief, tissés ou gaufrés, la gamme des cartons légers qui présentent un dessin ou un relief.

Un collage avec du papier de soie.

En utilisant uniquement des papiers de couleur, on peut réaliser de belles choses. Vous pourrez, en déchirant des papiers de soie et en créant des formes et des jeux de couleurs par l'emploi de superposition, obtenir des œuvres artistiques telles celle de Santandreu, page précédente. L'artiste a utilisé des papiers de soie de couleur et a joué avec les effets de transparence. Il vous est également possible d'obtenir avec le papier glacé de couleur toutes sortes d'effets où vous jouerez avec l'opacité de ce papier. Vous pourrez également combiner des papiers transparents comme la cellophane avec des cartons glacés ou faire des recherches de textures avec des cartons légers, gaufrés.

UN PAPIER COLLÉ À BASE D'ANNONCES IMPRIMÉES. Entrent dans cette catégorie toutes les photographies en noir et blanc ou en couleur et tous les papiers imprimés, depuis le vulgaire papier journal avec des titres et des textes d'informations jusqu'aux fragments multicolores d'une illustration ou d'une image. Généralement ces éléments interviennent dans le papier collé comme tout ou partie d'un ensemble. Il est cependant possible de construire un magnifique papier collé avec seulement des morceaux de papiers de couleur. En résumé, voici le procédé : on dessine schématiquement un sujet au crayon sur un bristol blanc ou gris, puis on choisit plusieurs textes ou illustrations de revues éditées en couleur en essayant de voir dans les formes et les couleurs de ces pages imprimées celles qui s'intégreraient au tableau imaginé et déjà ébauché. Pour terminer, on découpe et on colle les morceaux de ces pages en couleur en reconstruisant grâce à eux les formes et les couleurs du sujet proposé.

Un collage à base d'annonces imprimées.

MATÉRIAUX DIVERS. On fait entrer ici les matériaux et les objets les plus hétéroclites à la condition toutefois qu'ils soient plats. La liste est infinie : toile de sac, feuilles d'arbre, roues dentelées comme on en utilise en horlogerie, copeaux de bois, lamelles de liège, plastique, sciure, etc.

Matériaux divers.

POUR DÉCOUPER : les ciseaux et les doigts. Pourquoi utiliser les doigts à la place de ciseaux ? Pour certains types de collage, comme celui de Santandreu, ou de Plá Narbona, présenté un peu plus loin, les papiers, coupures, cartons légers, etc. ne sont pas découpés mais déchirés suivant des formes déterminées conférant au collage une plus grande qualité artistique.

Pour découper.

LES DEUX SEULES MANIÈRES DE FAIRE UN COLLAGE

Très simplement : soit on encolle l'élément rapporté, soit on encolle le support. Lorsque l'on a affaire à des éléments légers, tels les papiers et les coupures, ou à des cartons minces, il vaut mieux encoller ces éléments puis les appliquer sur le support. Avec des éléments plus lourds, cartons, tissus, liège, ou avec des particules d'éléments comme le sable, la sciure ou des morceaux de verre, il est préférable d'encoller le support avec une colle épaisse que l'on laisse un peu sécher afin qu'elle tienne bien ; on dispose alors les éléments divers que l'on éparpille (sable, sciure, verre en particulier). Les résultats, bien entendu, sont très différents.

Encollage de l'élément ou encollage du support.

Exercice pratique de collage

IMAGES ET ILLUSTRATIONS RÉALISÉES AVEC DES PAPIERS GLACÉS, MATS ET NOIRS

MATÉRIEL: PAPIER GLACÉ, MAT, NOIR; OU PAPIER NOIR, MAT, FIN; BRISTOL LÉGER BLANC; CISEAUX; COLLE INSTANTANÉE; DEUX PLAQUES DE VERRE DE LA MÊME DIMENSION QUE CELLE PRÉVUE POUR LE TABLEAU.

Une série d'illustrations réalisées par José Plá Narbona pour un livre de poésie, a été choisie pour servir d'exemple à une création artistique à base de collages de papiers noirs et blancs.

C'est avec ce même procédé, en utilisant de simples morceaux de papier noir collés sur un fond blanc et deux mots «Semaine Sainte», que José Plá Narbona a créé une affiche originale et assez extraordinaire.

Laissons l'artiste expliquer lui-même comment il s'y est pris pour obtenir un tel résultat avec cette technique.

«Cela n'est pas aussi facile qu'il paraît à première vue, nous dit-il. Dans ce genre de collage entre une parfaite connaissance du dessin et de la composition, liée à une certaine curiosité de l'esprit et à un goût de la recherche sans lesquels il est impossible d'arriver à une solution pleinement satisfaisante. Il ne faut pas aller trop vite. Pour arriver à cette apparente simplicité, à cette synthèse de l'image, il faut couper, recouper, déchirer de véritables amas de papier noir. Pour réaliser cette affiche de la Semaine Sainte, j'ai créé des lettres pendant des heures,

des "S" en tous genres et en toutes dimensions, découpés à la main ou à l'aide de ciseaux, utilisant parfois les deux en même temps. J'ai également fait des dizaines de "M" et de "A".»

Je me rappelle que, faisant une lettre, j'ai même constitué un nouvel alphabet avec lequel j'ai ensuite composé des noms. Je découpais une lettre, la déchiquetais, la contemplais un moment, posée sur le papier blanc, puis la rangeais parmi les bonnes, les moins bonnes, les refusées que je jetais. Simultanément, sur un bristol de 24 cm × 30 cm, j'essayais de

composer le titre «Semaine Sainte». Après avoir fait la même chose pendant des jours, l'affiche est née progressivement un peu au hasard, et en
grande partie à cause du travail effectué avec l'énorme quantité de matériel sélectionné».

Excellent dessinateur, peintre et maquettiste, Plá-Narbona est aussi
un photographe exceptionnel. Il dispose d'un vaste laboratoire équipé
d'appareils perfectionnés. Avec une équipe de collaborateurs, outre la
création de photographies pour illustrer des couvertures de livres, de
revues, de catalogues, Plá-Narbona réalise tout le travail qui touche à
l'illustration, au dessin et à la peinture. Ainsi, pour une telle affiche, et
pour tout ce qui s'apparente à ce genre de travaux, il procède ainsi : après
avoir défini l'emplacement idéal de chaque morceau avec quelques points
de colle, il fixe les divers découpages et place la support, ici le bristol blanc,
entre deux plaques de verre — le verre du dessus écrasant et maintenant en
place les lettres noires —, il photographie le «sandwich» obtenu, l'agrandit et
obtient alors une épreuve contrastée où le noir intense valorise le blanc et
met en valeur l'image obtenue.

Pour réaliser ce type de collage, il est conseillé de travailler sur un bristol blanc déjà
disposé sur une plaque de verre; de placer et de coller ensuite les images découpées
dans le papier noir sur le bristol avec un peu de colle et de mettre finalement une
autre plaque de verre par-dessus l'ensemble, qui permettra de photographier le tout.

Pour réaliser l'illustration de la «folle» reproduite page ci-contre, Narbona n'a pas voulu coller les coupures de papier noir qui la composent; il s'est limité à les disposer sur un bristol blanc et en posant dessus une plaque de verre qui maintient et permet de transporter le tout sous l'agrandisseur photographique, il a obtenu un cliché qui, tiré ensuite au positif, donne un contraste maximum, une netteté absolue à l'image.

Pour créer certaines de ces images, Plá-Narbona n'a pas utilisé de colle; autrement dit, après avoir placé les papiers découpés, et trouvé la forme désirée, il a posé avec un soin extrême, pour ne rien déranger, une plaque de verre sur le papier qu'il a passé ensuite directement à l'agrandisseur.

Voici les conseils qu'il donne aux lecteurs à ce sujet: pour ce genre de collage, mieux vaut utiliser un carton de dimensions réduites, très blanc; faire de nombreux essais, ne pas hésiter à passer du temps pour essayer diverses compositions, découper, créer, puis fixer les éléments seulement par des points de colle avant de les monter entre deux plaques de verre, «à l'anglaise».

LE COUTEAU

Techniques et application

Considéré comme outil de peintre, le «couteau» est une sorte de lame d'acier flexible, avec un manche de bois. Cette lame est arrondie ou en pointe, elle revêt dans certains cas la forme caractéristique de la truelle du maçon, dite couteau à palette (voyez sur la figure ci-dessous quelques-uns des modèles les plus courants). **Définition du «couteau».**

Du point de vue artistique, on peut dire que le couteau est un outil idéal pour peindre : il remplace avantageusement le pinceau pour la peinture à l'huile ou pour la gouache et confère un cachet moderne, sans grand effort.

Si l'on considère son utilisation en tant que moyen d'étendre la peinture sans recourir au pinceau, on constate que le couteau était employé par les artistes du début de l'ère chrétienne pour la peinture «à l'encaustique», peinture obtenue en délayant les couleurs dans de la cire chaude. **Résumé historique.**

Il semblerait que Rembrandt ait été l'un des premiers à peindre à l'huile avec un couteau, lorsqu'il travailla à la réalisation de certains fonds, de certaines tentures.

Après quelques essais par Delacroix, ce fut Courbet qui, au XIXe siècle, se servit effectivement du couteau comme d'une technique nouvelle pour malaxer les couleurs, faire des mélanges et les appliquer sur une toile.

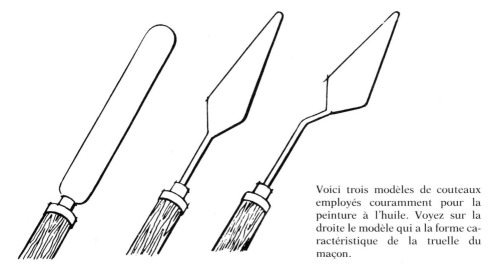

Voici trois modèles de couteaux employés couramment pour la peinture à l'huile. Voyez sur la droite le modèle qui a la forme caractéristique de la truelle du maçon.

A la fin du siècle dernier, avec l'arrivée des impressionnistes, on vit la plupart des artistes travailler la peinture à l'huile au couteau, essayant d'obtenir une facture plus moderne. Dans ce «Portrait de moine» (L'oncle Dominique), peint par Paul Cézanne en 1865, on pourra apprécier une vigueur dans la synthèse, un fini que pouvait seule donner la technique de la peinture au couteau.

Revenons un instant à la technique raffinée d'un Titien ou d'un Van Eyck ; le premier lissait minutieusement avec les doigts les couleurs qu'il venait d'appliquer ; le second repassait de fines couches huileuses de peinture afin de reproduire le mieux possible la finition des laques chinoises et japonaises. Maintenant nous comprenons mieux ce qu'a apporté un outil comme le couteau : le fini lisse, transparent, brillant, un aspect laqué.

Possibilités. D'autre part, pensons à la faculté d'obtenir avec le couteau des jaspés au brillant semblable à celui de marbres exotiques, des pâtes épaisses, des accumulations de matière pareilles à des reliefs ou au contraire des couleurs à plat, absolument nettes, en couches fines et lisses qui recouvrent à peine le grain de la toile, et nous aurons une première évaluation des possibilités, de la diversité des factures qu'offre la peinture au couteau.

Mais passons à la pratique, car elle est, comme toujours, le meilleur moyen d'expérimenter et d'assimiler un enseignement.

Choisissez un modèle, préparez la toile et les couleurs à l'huile placées sur la palette telles qu'elles sortent du tube, et prenez le couteau.

En premier lieu, il faudra vous familiariser avec la technique, apprendre à manier le couteau, à donner la consistance nécessaire à la pâte, faire des essais sur la palette, sur un carton ou sur n'importe quelle surface.

Emplacement des couleurs. Placez les couleurs sur la palette en suivant l'ordre habituel : de gauche à droite, en faisant un cercle et en suivant le bord de la palette, d'abord le blanc, puis le jaune moyen, l'ocre jaune, le rouge de cadmium, le rouge garance, la terre d'ombre, le vert émeraude, le bleu de cobalt, le bleu outremer et le bleu de Prusse.

Exercice pratique de peinture «au couteau»

PEINTURE «AU COUTEAU» D'UNE NATURE MORTE
COMPOSÉE PAR VOUS-MÊME

MATÉRIEL: ASSORTIMENT ORDINAIRE DE PEINTURES A L'HUILE; COUTEAUX (PLAT ET A PALET-TE); PINCEAUX EN SOIE ET EN POILS DE MARTRE; PALETTE; CARTON N° 4; DISSOLVANTS, CHIFFONS, ETC.

Ayez présent à l'esprit que lorsque l'on peint au couteau, on ne dilue pas les couleurs, on les étend telles qu'elles sortent du tube.

Prenez maintenant un couteau plat ou à palette, et voyez sur la figure ci-contre, A, la position du couteau pour prendre de la peinture.

Exercice pratique à l'aide du couteau.

Avec la lame du couteau inclinée par rapport à la palette, on prélève un peu de peinture, juste la quantité désirée, comme on le voit faire sur les figures B et C.

On dépose la quantité de pâte prélevée au centre de la palette; vous pouvez déjà constater avec quelle facilité on l'étend, on la travaille, la lisse jusqu'à obtenir la finesse et le brillant de la laque. Pensez que cet aspect de laque polie confère une pureté, une luminosité extraordinaire à la couleur. C'est ainsi qu'une surface de couleur claire, traitée et polie «au couteau», acquiert un brillant exceptionnel. Un blanc poli au couteau se transforme en un blanc absolu, beaucoup plus blanc que s'il était appliqué au pinceau. Mais continuons. Essayons de voir maintenant, à l'aide des illustrations suivantes D et E, comment on mélange deux couleurs avec le couteau, soit, comme nous le verrons à la page suivante, sur la palette, soit directement sur la toile.

On prend une des couleurs avec le couteau; on la dépose au centre de la palette, puis on l'étend, comme nous l'avons vu sur les figures précédentes.

On nettoie le couteau avec un chiffon, on prend la deuxième couleur que l'on dépose, pour l'étendre et l'étaler sur la couleur précédente (figure D).

Il s'agit alors de mélanger les couleurs avec un mouvement semblable à celui employé pour battre un œuf à la fourchette, c'est-à-dire en appuyant sur la lame, en la retournant, afin de rassembler la peinture si celle-ci s'étale trop, puis en recommençant l'opération (figure E).

En peignant sur la toile, vous vous apercevez que le couteau permet de dessiner et de profiler des formes, particulièrement celles qui sont rectilignes (figure F).

Si l'on peint un tableau, on peut, comme nous l'avons dit plus haut, faire le mélange de couleurs, soit sur la palette, soit sur la toile elle-même; on peut peindre sur une esquisse préalablement colorée, ou directement au couteau sur la toile vierge.

Deux formules pour peindre au couteau.

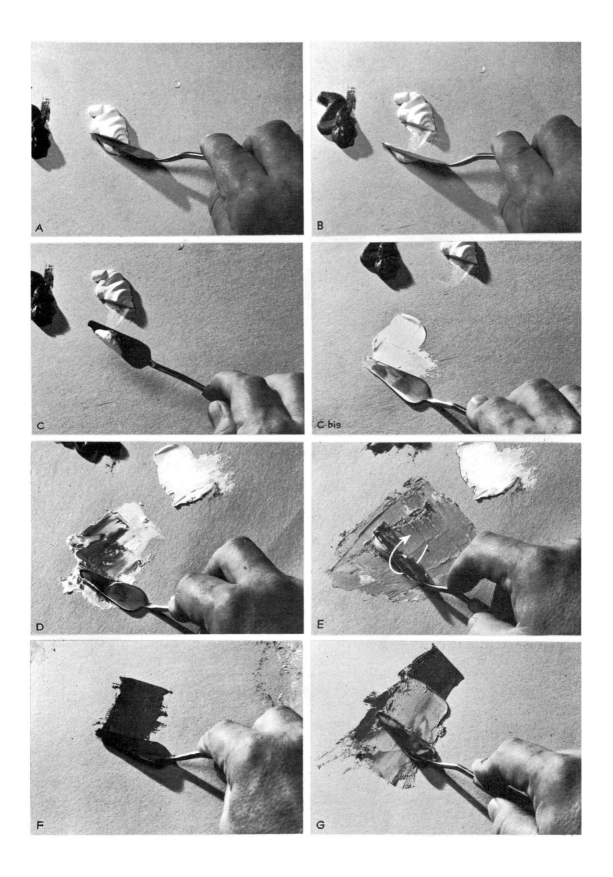

DEUX SYSTÈMES ÉGALEMENT SATISFAISANTS

Vous pouvez peindre au couteau directement, ou sur une ébauche recouverte d'une couche de couleur très mince.

En résumé, on procède ainsi:

PREMIÈRE MÉTHODE: PEINTURE AU COUTEAU SUR UNE ÉBAUCHE PRÉALABLEMENT COLORÉE

Le premier travail consiste à peindre à l'huile avec un pinceau. Les couleurs, très diluées dans de l'essence de térébenthine, seront appliquées en couche très mince, sans aucune épaisseur. Sur cette première couche dont la couleur sera étalée avec grand soin, on applique la peinture au couteau, cette fois en mélangeant les couleurs sur la toile ou sur la palette, indistinctement (bien que, pour ma part, je conseille de le faire sur la palette tant que l'on ne domine pas parfaitement la technique du couteau). **Sur une couche de couleur mince.**

Essayez de faire les fonds et les grandes surfaces du premier coup, en laissant pour plus tard la finition des surfaces plus réduites et plus complexes dans leur réalisation.

De même, utilisez plutôt, pour les retouches finales et les détails de finition, un pinceau en poils de martre. **Retouches finales au pinceau.**

Entre cette méthode et l'autre, ce qui varie essentiellement est le fait de disposer d'un fond de tonalité générale où des «respirations» sont ménagées, c'est-à-dire des plages, de petites surfaces où le couteau n'est pas utilisé. Comme vous pourrez le constater, travailler en ne laissant aucune partie de côté, construire, sans revenir sur un dessin et l'altérer, présente des difficultés et pose des problèmes.

DEUXIÈME MÉTHODE : PEINDRE DIRECTEMENT AU COUTEAU
SUR LA TOILE VIERGE

Si l'on veut un style plus moderne, il est préférable de peindre directement sur la toile. On y fera les mélanges de couleurs, la recherche des nuances sans passer par la palette.

Les surfaces très importantes seront faites en premier, d'un seul jet, en s'efforçant de ne pas avoir à y revenir ensuite pour des retouches.

Les parties fragmentées, plus petites, aux formes variées et complexes nécessiteront une première couche mince de peinture, par-dessus laquelle on pourra peindre ensuite. Pour les étapes suivantes, il sera préférable de mélanger les couleurs sur la palette et de les appliquer ensuite. Cependant, aussi souvent que possible, si vous désirez obtenir une facture très moderne, essayez de mélanger vos couleurs directement sur la toile comme vous l'auriez fait sur la palette.

Il n'est pas besoin de souligner ce que cette méthode a de difficile pour celui qui ne possède pas parfaitement la technique de la peinture à l'huile au pinceau (1).

Lors de la dernière phase, au moment d'apporter les ultimes retouches, il est parfaitement normal de retoucher et de peindre avec un pinceau en poils de martre, en essayant de ne pas détruire l'apparence lisse, polie, caractéristique de la peinture au couteau.

DANS LES DEUX CAS, PEIGNEZ TOUJOURS D'UN SEUL JET

De ces conseils, vous pouvez conclure qu'il faut peindre au couteau d'un premier jet, en suivant son inspiration première, en une seule séance. L'emploi de ce procédé est donc exclu pour de grandes toiles, de grands sujets, des motifs très élaborés et minutieusement achevés.

Cézanne peignait au couteau, mais ses tableaux étaient loin de la manière étudiée, détaillée et polie d'un Ingres. Il s'agissait plutôt de véritables croquis, d'ébauches dans lesquelles l'artiste présentait et reconstituait avec le fil et le plat du couteau, en quelques touches rapides, l'impression laissée par une physionomie, un caractère, un type.

FACTURE DE LA PEINTURE AU COUTEAU, MAIS SANS COUTEAU

Si, travaillant dans la publicité, vous avez à peindre un fond original, hors de l'ordinaire — concevoir un emballage, une annonce publicitaire où viennent s'insérer un titre, un visage —, utilisez alors la technique suivante :

---

(1) Voir dans la même collection "Comment peindre à l'huile".

Voici un paysage exécuté directement au couteau. Remarquer les effets de matière : matière lisse et riche du ciel en opposition aux matières rugueuses, grossières, des premiers plans.

Délayez de la gouache dans un godet, versez-la sur une plaque de verre qui servira de palette. Prenez la gouache avec une lame de rasoir et appliquez-la en retournant la lame sur un papier épais ou sur un bristol ; vous verrez l'effet obtenu, une texture étonnante. Amusez-vous alors, en retournant la lame et en raclant pour enlever la couleur, à dessiner des lignes et des traits clairs sur des fonds de couleur foncée, en allant en zigzag, en superposant des formes courbes, etc.

Vous serez étonné des résultats.

LE MONOTYPE

Technique
et application

EXERCICE PRATIQUE SUR UN SUJET LIBRE

MATÉRIEL: MÊME ÉQUIPEMENT QUE POUR LA PEINTURE A L'HUILE; PAPIER VERGÉ; UNE PLAQUE
DE VERRE ÉPAISSE DE DIMENSIONS LÉGÈREMENT SUPÉRIEURES À CELLES DU TABLEAU.

Prenez une feuille de papier à dessin, assez absorbant, un vergé Ingres **Définition du**
par exemple; d'autre part peignez à l'huile sur une plaque de verre de **«monotype».**
mêmes dimensions que votre papier; appliquez ensuite le papier sur la
peinture encore fraîche de la plaque de verre, en imprimant l'image soit
par une pression directe de la main, soit en passant un chiffon ou un
frotton (cuiller de bois) sur celle-ci.

Voilà en quoi consiste essentiellement le procédé appelé «monotype»:
un exemplaire unique, imprimé, d'une œuvre réalisée par un artiste.

Laissez-moi vous expliquer plus en détail ce procédé intéressant: vous
pourrez alors juger de ses extraordinaires possibilités artistiques dans le
domaine de la peinture et être encouragé à l'employer.

La formule classique pour la réalisation d'un monotype consiste, comme
nous l'avons dit, à imprimer sur un papier à dessin une peinture exécutée sur
une plaque de verre ou même de métal.

Le monotype classique est l'exemplaire unique
d'une seule impression.

Nous avons demandé à Huguet son «carnet de recettes»; il nous
parle d'une technique plus libre pour laquelle cette impression unique

est faite sur un fond déjà coloré lors d'une première couche. Un procédé qui, tout en étant encore un monotype, fait montre de quelques légères variantes, par rapport à la méthode classique.

Imprimer sur un fond coloré. «J'ai simplement essayé, nous dit Huguet, d'imprimer le monotype sur un support de couleur peint à l'aquarelle, ce qui donne une nuance originale au coloris ou à la gamme d'harmonisation des couleurs, et offre, de plus, de la consistance à la matière. Cela se traduit par une peinture plus dense, plus vigoureuse et énergique.»

Nous allons, maintenant, vous expliquer la technique employée. Nous vous la recommandons ; ce qui ne vous empêche pas d'essayer d'appliquer, quand vous le jugerez bon, la technique classique d'une seule impression.

D'abord, humecter le papier. Huguet commence par humecter le papier en utilisant une éponge à peine mouillée. «Cela me permet, explique-t-il, de compter dès le début sur une base d'impression humide à laquelle accrochera mieux la peinture à l'huile appliquée par pression».

Faire une esquisse préalable. Dans la pratique il est nécessaire de faire une étude du sujet : ce peut être un petit projet, une esquisse. Lorsque le sujet est simple, il est relativement facile de le construire sur de larges surfaces où les couleurs se situent dans une gamme, allant du Sienne aux kakis, qui sera en quelque sorte le coloris dominant.

Dessiner au crayon. Après cette étude préalable, vous dessinez votre sujet sur le papier définitif de manière schématique, linéaire, sans ombres, avec un crayon gras 3B ou 4B.

Décalquer. Puis, avec une feuille de papier calque de même format que le papier définitif, décalquez par transparence la précédente étude. Ce calque est important, il vous servira, plus tard, de relevé pour peindre sur l'envers de la plaque de verre.

Comment peindre le tableau à l'envers. Sur une surface plane, une table par exemple, vous placez votre feuille de papier blanc sur laquelle vous mettez à l'envers la feuille de papier calque dessinée. Sur les deux feuilles enfin, vous poserez l'épaisse plaque de verre dont les dimensions devront être légèrement supérieures à celles du dessin. Grâce au reflet du papier blanc et à la transparence du calque vous aurez le dessin du sujet *inversé*. C'est ainsi qu'il sera peint sur la plaque de verre afin que, lors de l'impression définitive, il se retrouve du bon côté.

Avant de continuer, un conseil : si vous voulez obtenir un parfait relevé de l'image, il faut marquer sur le papier calque les repères correspondant aux quatre coins du papier définitif, afin de pouvoir superposer avec exactitude une impression sur la suivante.

Commencez à peindre sur le papier définitif à l'aquarelle, avec des couleurs de faible intensité (cela dépend bien sûr des goûts et des tech-

DESSIN ORIGINAL   GRAVURE   IMPRESSION

Comme n'importe quel procédé d'impression, le monotype exige que la peinture soit réalisée à l'envers sur la plaque de verre — représentée ici par le cliché ou la gravure —, afin d'obtenir ensuite une image imprimée à l'endroit.

---

niques). Le fait d'humecter le papier, de lui donner une teinte générale en le couvrant entièrement de peinture (il faut envisager qu'au moment de l'impression à la peinture à l'huile, des zones restent mal imprimées), vous facilitera la suite des opérations. Cette première couche d'aquarelle n'a pour but que d'indiquer la couleur. La peinture à l'huile, appliquée sur le verre, concrétisera et délimitera, par la suite, les formes et les couleurs.

Première couche à l'aquarelle.

On peint maintenant sur le verre. Huguet nous précise qu'il convient de peindre avec des pinceaux larges, en employant une peinture très épaisse et d'étaler celle-ci en une couche mince. Et il ajoute : «La pratique seule vous permettra de vérifier ce qui se produit alors».

Bien étendre la peinture sur la plaque de verre.

La peinture terminée, on humecte le papier à dessin à l'aide d'une éponge (attention! avec très peu d'eau), puis on place avec soin le papier sur la plaque de verre sur laquelle on a peint. L'impression commence alors par une pression énergique et continue du papier sur le verre. En passant sur le papier à dessin, cette peinture à l'huile, avec ses particularités de texture due aux poils du pinceau, acquerra une facture et un fini vraiment originaux.

Humecter le papier et réaliser l'impression.

Pendant que l'on imprime, il faut s'assurer des effets produits par la pression ; il faut voir à quels endroits la peinture, par le fait d'être comprimée, risque de s'étaler, de tacher, de déformer le dessin. Il faut voir également à quels endroits une plus grande pression est nécessaire, pour obtenir une plus grande intensité de couleur ou un effet spécial déterminé.

Quand le papier imprimé a été retiré du verre, des retouches sont souvent nécessaires pour assurer la finition, renforcer une ligne, un trait, dissimuler une erreur, intensifier une surface, ou même faire une ligne blanche avec le manche du pinceau. Dans le monotype, comme dans toute œuvre d'art, il y a un risque à vouloir trop en faire, trop fignoler, et perdre ainsi, sans le vouloir, la fraîcheur et la spontanéité de l'œuvre.

Essayez. C'est intéressant. C'est un procédé qui apprend, qui «dit» beaucoup de choses. Je connais un artiste qui, ayant commencé par le monotype, a fini par faire de la peinture abstraite. Vous verrez: quand la peinture s'étale entre le papier et le verre, des effets inattendus surgissent des formes et des couleurs, des effets qu'on n'avait pas imaginés... Surprise et hasard sont au rendez-vous...

* * *

Que ce soit dans le domaine du pastel, de la peinture à la gouache ou à la cire, comme dans celui des collages ou des monotypes, les exemples et les conseils donnés ne sont pas limitatifs. Suivez-les ; exercez-vous, travaillez... innovez. Faites des essais, expérimentez vos propres procédés. Que votre démarche soit vivante et se renouvelle constamment.

Observez les traces laissées par les coups de pinceaux ; elles sont caractéristiques du monotype : on y voit les marques et les sillons déposés par le pinceau sur le verre : un pinceau très large si l'on tient compte de la taille du monotype (100 × 70). Essayez de reproduire vous-même la gamme des couleurs qu'a utilisé Huguet et où prédominent très fortement les Sienne et les kakis.